源泉徴収票とねんきん定期便に答えがある！

ファイナンシャル・プランナー 前野 彩

本気で家計を変えたいあなたへ

第6版

書き込む"お金のワークブック"

日本経済新聞出版

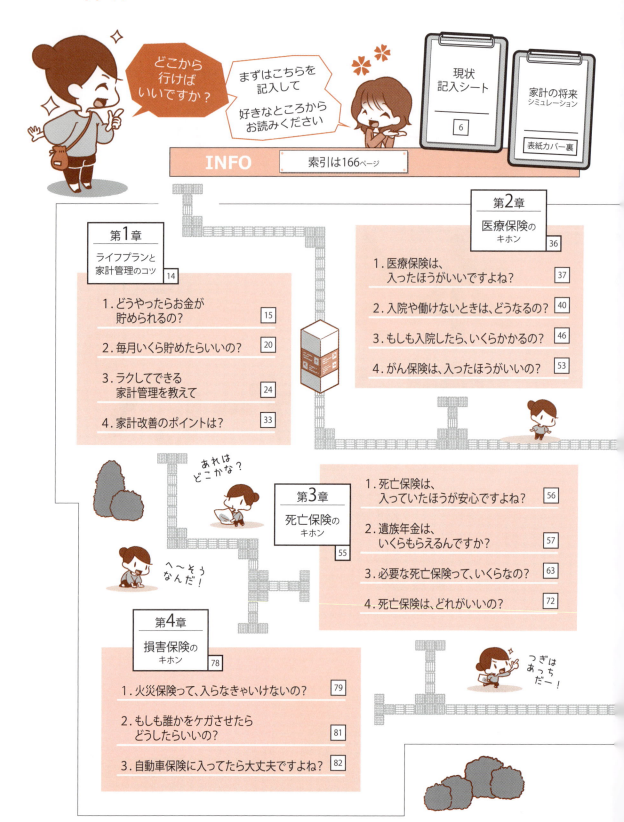

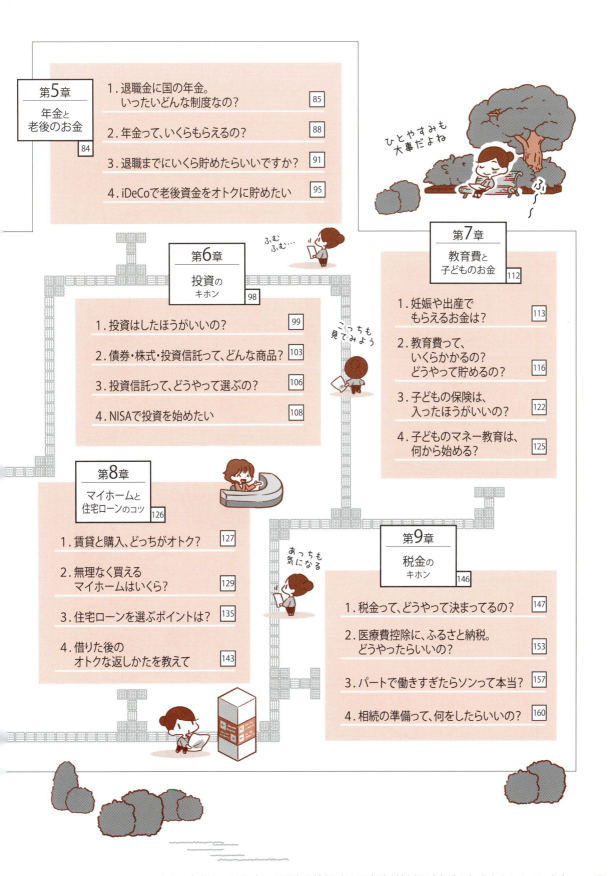

＊本書の内容は、2025年2月現在の情報（2025年度税制改正大綱含む）をもとにしています。本書にかかわる第217回国会の改正情報は、著者の「購入者限定サイト」に掲載しています。

はじめに

　わたしたちは、学校でも社会でもお金について教わることなく大人になりました。そこで、初めて学ぶお金について少しでも楽しく学べるように、この本には図や表をたくさん載せました。あなたが気になる章から読み進めてくださいね。

　そして、病院の問診票にあたるものが、10ページからの「現状記入シート」です。準備物をそろえて、わかるところから書いていきましょう！

準備物一覧表

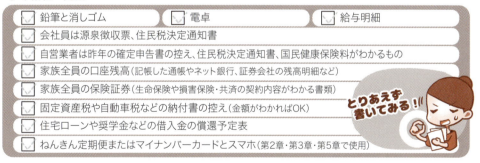

　データで管理したい人のために、エクセルシートも用意しました。この本のカバーの著者紹介の下に、「購入者限定サイト」の「ユーザー名とパスワード」を載せています（帯の下にあります）。ダウンロードして使ってください。

　あなたの未来が、安心して楽しくお金が使える毎日であることを願っています。

＊本書の「購入者限定サイト」は、次の改訂版発行までの期間において利用できます。本サイトの内容は、予告なく変更・終了することがあります。

現状記入シート：現状を確認しましょう 例

記入日 2025 年 4 月

家族構成

お名前	生年月日	年齢	職業
小林 ノブ	西暦 1990 年 12 月 10 日	35 歳	会社員
ミサ	西暦 1990 年 1 月 4 日	35 歳	会社員
ハナ	西暦 2022 年 8 月 18 日	3 歳	
シュウ	西暦 2024 年 5 月 25 日	1 歳	

年齢は、記入する年の12月31日時点の満年齢を書きます。

収入

- 収入から社会保険料（厚生年金保険料・健康保険料・介護保険料・雇用保険料）・所得税・住民税を除いた金額を書きます（振込金額ではありません）。
- 給料天引きの住居費・保険料・積立などは、振込金額に足して手取額を書きます。
- 自営業者は、売上から経費・国民年金保険料・国民健康保険料・介護保険料・所得税と住民税を除いた金額を書きます。
- 月によって変動が大きい人は、中間ぐらいの月の収入を書きましょう。

単位：万円（千の位を四捨五入）例 654,321円→65万円

お名前	税込年収（148ページの源泉徴収票の❶）	毎月の給料（手取金額）	ボーナス（夏冬手取合計）	年間手取収入（毎月×12＋ボーナス）
ノブ	400 万円	24 万円	38 万円	326 万円
ミサ	250 万円	15 万円	20 万円	200 万円
児童手当	30 万円			30 万円
合計	680 万円	41.5 万円	58 万円	556 万円 Ⓐ

児童手当は年間受取金額を書きましょう。

年収しかわからないときは、年収×0.8の金額を記入しましょう。
（例）年収400万円なら320万円

この金額が家計管理のモトです。

貯蓄額

単位：万円（千の位を四捨五入）例 654,321円→65万円

お名前	普通・定期預金	財形・国債	投資信託	株式	外貨・その他
ノブ	120 万円	60 万円		万円	万円
ミサ	100 万円		9 万円	万円	万円
ハナ	68 万円			万円	万円
シュウ	23 万円			万円	万円
	万円	万円	万円	万円	万円
資産別合計	311 万円	60 万円	9 万円	万円	万円
貯蓄合計			380 万円		

貯蓄性（解約返戻金）がある保険でもここには書きません。保険料はいったん支出として支払い、将来お金を受け取るときに、「家計の将来シミュレーション」で収入として計算します。

投資信託・株式・外貨建て資産は、買ったときの値段ではなく、今の値段（時価）を記入しましょう。時価がわからないときは、買った金額を目安として書きます。

家族全員の貯蓄額がわかります。

> 6～9ページの記入例を見ながら、自分の家計の現状を10ページ～記入しましょう。

1年間の貯蓄額

定期的に積み立てているお金や毎月残るお金を書きます。

単位：万円(百の位を四捨五入) 例3,500円→0.4万円

	毎月の貯蓄			ボーナスからの貯蓄	
自動積立・財形貯蓄	2	万円×12カ月＝	24 万円	＋ 夏 5	冬 5 万円
確定拠出年金(iDeCo・マッチング)		万円×12カ月＝	万円	夏	冬
NISA（投資信託）	1	万円×12カ月＝	12 万円	夏	冬
持株		万円×12カ月＝	万円	夏	冬
給料やボーナスの残り	1	万円×12カ月＝	12 万円	夏	冬
児童手当	2.5	万円×12カ月＝	30 万円		

貯蓄のつもりの保険も、「支出」の「保険料」欄に記入します。

わからないときは通帳を見て、昨年と今年の同じ時期を比べて、増えた金額を書きましょう。

上記**以外**で1年間に貯まった(残る予定)金額 **6**

年間貯蓄額の確認ができます。

スからの貯蓄額がよくわからない場合は、昨年と今年の同じ時期の通帳の残高を見
金額を記入しましょう。

1年間で、約 94 万円の貯蓄ができています。 Ⓑ

ローン

借入金の状況を記入しましょう。

ローン残高を確認しましょう。

単位：万円(千の□□□四捨五入) 例654,321円→65万円

※小林家にはローンはありませんが、記入例として数字を入れています。

ローン	借入時期と期間	金　額	金　利
住宅 車 奨学金 その他	2020 年 4 月 35 年ローン	当初借入金額 2,500 万円 / 現時点の残高 約 2,209 万円	35 年固定 1.3 % / 変動 今

毎月返済額	借入期間	総返済額	当初借入金額	利息負担
(7.4 万円×12×	35 年)＝	3,108 万円 −	2,500 万円 ＝	608 万円

変動金利は半年ごとに金利が見直されるので確認しましょう。

ローン	借入時期と期間	金　額	金　利
住宅 車 奨学金 その他	年 月 年ローン	当初借入金額 万円 / 現時点の残高 約 万円	年固定 % / 変動 今

毎月返済額	借入期間	総返済額	当初借入金額	利息負担
(万円×12×	年)＝	万円 −	万円 ＝	万円

トータルで支払う利息がわかります。

教育プラン

お名前	保育・幼稚園	小学校	中学校	高　校	大　学
ハナ	公立 私立	公立 私立	公立 私立	公立 私立	公立 私立
シュウ	公立 私立	公立 私立	公立 私立	公立 私立	公立 私立
	公立 私立	公立 私立	公立 私立	公立 私立	公立 私立

子どもが希望する進路、または教育資金を準備しておきたい進路に○をつけましょう（116ページ参照）。

〔実用新案登録第3184870号〕

正確でなくてOK！
大雑把でいいのでお金の流れを確認しましょう。

支出

月単位

- 月や季節によって変わる支出は、だいたいの平均額を記入しましょう。
- 毎月発生しない支出は、右ページの「年単位」の項目に記入します。
- 口座引き落としや、主にクレジットカード払いの支出にチェック☑をしましょう。

お金をかけている支出や、減らしたい支出がわかります。

① 日々のお金 /月　合計 11.5 万円

- ☑ 食費　　万円
- ☑ 日用品　0.5 万円　（洗剤やシャンプー、トイレットペーパーなどです。）
- ☑ 家族のレジャー費　1 万円
- ☑ おこづかい　夫 2.5 + 妻 2.5 万円
- ☑ オシャレ代（おこづかいに込）万円
- ☐ 大人の習いごと・ペット・その他　万円

② 水道光熱費 /月　合計 2 万円

- ☑ 電気代　0.8 万円
- ☑ ガス代　万円　（2カ月分をまとめて引き落とす地域は1カ月分を記入します。）
- ☑ 水道代(1カ月分)　0.5 万円

③ 通信費 /月　合計 2.1 万円

- ☑ プロバイダー代・固定電話代　0.5 万円
- ☑ 携帯電話代　1 万円
- ☑ 動画などのサブスク料　0.1 万円
- ☑ NHK(1カ月分)　0.1 万円
- ☑ 新聞代　0.4 万円
- ☐ その他　万円

④ 交通費 /月　合計 0.5 万円

- ☐ 電車代など（会社支給分は除く）　万円
- ☑ ガソリン代　0.5 万円
- ☐ ETC・そ…

会社から受け取る定期代以外の交通費を書きます。

⑤ 健康医療費 /月　合計 0.1 万円

- ☐ 医療費　0.1 万円
- ☐ 健康維持費　万円

サプリメントやコンタクトレンズ代です。

⑥ 住居費 /月　合計 7 万円

- ☑ 家賃・住宅ローン　7 万円
- ☐ 管理費・修繕積立金　万円
- ☐ 駐車場代　万円

⑦ 子どもの教育費 /月　合計 6 万円

- ☑ 学校教育費　5 万円
- ☑ 習いごと・塾代など　1 万円

大人の習い事やスポーツジム費用は「①日々のお金」欄に書きます。

⑧ その他 /月　合計 0 万円

- ☐ カーローン　万円
- ☐ 奨学金の返済　万円
- ☐ 仕送りのお金　万円
- ☐ ＿＿＿＿　万円

⑨ 月払い保険料 /月　合計 1.5 万円

給料天引きの保険料も記入します（社会保険料は除く）。

- ☑ お名前 ノブ の生命保険料　1 万円
- ☑ お名前 ミサ の生命保険料　0.5 万円
- ☐ お名前 ＿＿＿ の生命保険料　万円
- ☐ お名前 ＿＿＿ の生命保険料　万円
- ☐ お名前 ＿＿＿ の生命保険料　万円
- ☐ 火災・地震保険料　万円
- ☐ 自動車保険料　万円
- ☐ その他　万円

年払いの保険料は、右ページの「⑬年払い保険料」に記入します。

月単位の支出合計

30.7 万円

今の暮らしを続けるために必要な金額です。

通帳やクレジットカードの請求明細書を見て書きましょう。

[実用新案登録第3184870号]

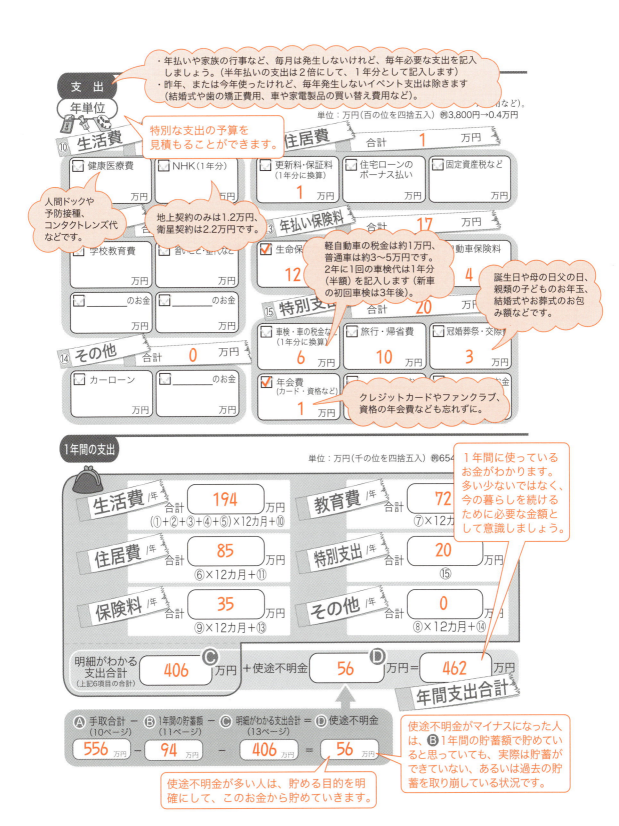

現状記入シート：現状を確認しましょう

※記入方法は6〜9ページを参照してください

記入日 ＿＿＿年 ＿＿月

家族構成

・年齢は、記入する年の12月31日時点の満年齢を記入しましょう。

お名前	生年月日	年齢	職業
	西暦　年　月　日	歳	
	西暦　年　月　日	歳	
	西暦　年　月　日	歳	
	西暦　年　月　日	歳	
	西暦　年　月　日	歳	

収入

・手取金額とは、収入から社会保険料（年金保険料・健康保険料・介護保険料・雇用保険料）・所得税・住民税を除いたものです（振込金額ではありません）。

単位：万円（千の位を四捨五入）　例654,321円→65万円

お名前	収入			
	税込年収 148ページの源泉徴収票の❶	毎月の給料 手取金額	ボーナス 夏冬手取合計	年間手取収入 毎月×12＋ボーナス
	万円	万円	万円	万円
	万円	万円	万円	万円
	万円	万円	万円	万円
合計	万円	万円	万円	万円 Ⓐ

貯蓄額

・投資信託・株式・外貨建て資産は、買ったときの値段ではなく、今の値段（時価）を記入しましょう。
・保険はここには記入しません。貯蓄性（解約返戻金）がある保険でも、保険料はいったん支出として支払い、将来お金を受け取るときに「家計の将来シミュレーション」で収入として計算します。

単位：万円（千の位を四捨五入）　例654,321円→65万円

お名前	普通・定期預金	財形・国債	投資信託	株式	外貨・その他
	万円	万円	万円	万円	万円
	万円	万円	万円	万円	万円
	万円	万円	万円	万円	万円
	万円	万円	万円	万円	万円
資産別合計	万円	万円	万円	万円	万円
貯蓄合計	万円					

〔実用新案登録第 3184870 号〕

1年間の貯蓄額

・1年間に貯蓄できるおよその金額を記入しましょう。

単位：万円（百の位を四捨五入） 例3,500円→0.4万円

	毎月の貯蓄	ボーナスからの貯蓄
自動積立・財形貯蓄	□万円×12カ月=□万円	+夏□万円 冬□万円
確定拠出年金(iDeCo・マッチング)	□万円×12カ月=□万円	
NISA（投資信託）	□万円×12カ月=□万円	+夏□万円 冬□万円
持株	□万円×12カ月=□万円	+夏□万円 冬□万円
給料やボーナスの残り	□万円×12カ月=□万円	+夏□万円 冬□万円
児童手当	□万円×12カ月=□万円	

上記**以外**で1年間に貯まった(残る予定)金額 □万円

毎月の給料やボーナスからの貯蓄額がよくわからない場合は、昨年と今年の同じ時期の通帳の残高を見て、1年間で増えた金額を記入しましょう。

1年間で、約 □ 万円の貯蓄ができています。 Ⓑ

ローン

・現在の借入金の状況を記入しましょう。

単位：万円（千の位を四捨五入） 例654,321円→65万円

ローン	借入時期と期間	金　額	金　利
住宅 車 奨学金 その他	□年□月 □年ローン	当初借入金額 □万円 現時点の残高 約□万円	□年固定 □% 変動 □%

(毎月返済額 □万円×12× 借入期間 □年) = 総返済額 □万円 − 当初借入金額 □万円 = 利息負担 □万円

ローン	借入時期と期間	金　額	金　利
住宅 車 奨学金 その他	□年□月 □年ローン	当初借入金額 □万円 現時点の残高 約□万円	□年固定 □% 変動 □%

(毎月返済額 □万円×12× 借入期間 □年) = 総返済額 □万円 − 当初借入金額 □万円 = 利息負担 □万円

教育プラン

・子どもが希望する進路、または教育資金を準備しておきたい進路に○をつけましょう（116ページ参照）。

お名前	保育・幼稚園	小学校	中学校	高　校	大　学
□	公立 私立	公立 私立	公立 私立	公立 私立	公立 私立
□	公立 私立	公立 私立	公立 私立	公立 私立	公立 私立
□	公立 私立	公立 私立	公立 私立	公立 私立	公立 私立

〔実用新案登録第 3184870 号〕

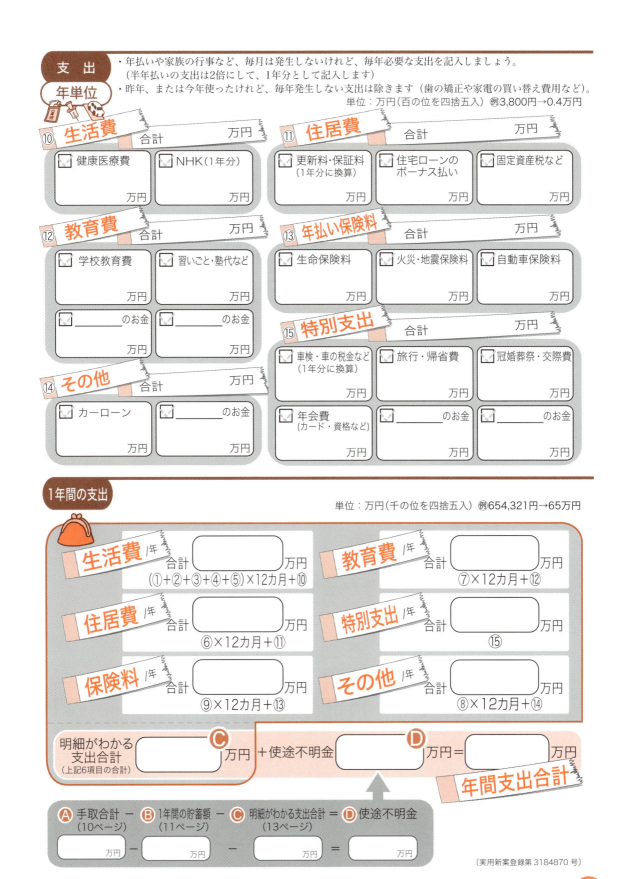

第1章 ライフプランと家計管理のコツ

この章のポイントとゴール

GOAL
- STEP 4 家計改善の3つのワザ →33ページ
- STEP 3 家計簿ナシの「週・月・年管理術」 →28ページ
- STEP 2 「逆算貯蓄」をする →20ページ
- STEP 1 ライフプランを立てる →16ページ

記入シートあります

ライフプランも家計管理もばっちり♪

①収入を増やす、②支出を減らす、③お金を育てる、を実践するぞ～！

予算内なら何に使ってもOKなのね。これならできそう♪

毎月3,000円、ボーナス時は9万円貯めたら7年後に車が買える！これならがんばれそう！

将来がわからないから不安なんだ！ライフプランを書くぞ～！

我が家の家計、このままで大丈夫なのかな…

貯蓄の平均っていくらぐらいなんですか？家計簿は続かないけど、お金が貯まる方法が知りたいです

まずは「平均」を忘れましょう！　ライフプランと逆算貯蓄ができれば、家計簿ナシでもお金は貯まります。お金は使うために貯めるもの。必要なときに必要なお金があれば、家計は100点満点ですよ♪

家計簿をつけなくてもお金が貯まるのなら、がんばれそうです！

1. どうやったらお金が貯められるの？

お金を貯めたいと思ったとき、「家計簿をつけなきゃ」「ちゃんとやらなきゃ」と考えていませんか？ 「やらなきゃ」という義務感だけでがんばれるのは、せいぜい1カ月ほど。肩の力をぬいて、無理なく続く方法を一緒に見つけましょう。

1-1 将来を「見える化」できれば、お金は貯まる

わたしのところにいらっしゃるご相談者は、大きく2つのタイプに分かれます。「ついつい使っちゃって、お金が貯まらなくて不安」というタイプと、「何かあったらこわいから、ちょっとでも貯めておきたい」というタイプです。一見すると、この2つは正反対ですが、どちらも根っこにあるのは「将来の不安」です。

🌱 貯蓄相談の2大パターン

お金がなくて不安な人は、お金が必要なときに向けて計画的な貯蓄ができれば、不安は消えます。そして、不安でお金を使うのがこわい人は、将来必要な金額がわかれば、それ以外のお金を安心して使うことができます。

将来を不安に思うあまり、今しかできないことをあきらめて、年をとってから「もっといろいろやっておけばよかった……」と、後悔することは避けたいもの。

子どもと過ごす時間や、親と話す機会には限りがあります。お金は後から取り戻せても、時間を取り戻すことはできません。だからこそ、「やりたいこと」と「お金」と「時間」。この3つのバランスが取れたお金の使いかたを目指しましょう！

 将来を「見える化」すると、安心できるし、楽しく使えるようになる！

1-2 未来の地図「ライフプラン」を書いてみよう

　人生には、お金を使ういろんなできごと（イベント）があります。

　たとえば、旅行や車の買い替え、マイホームの購入に子どもの進学、退職や年金の受取開始など、これらの**将来の予定**を「ライフイベント」といいます。このライフイベントを「いつ」「何に」「いくら」必要かを想像しながら、**実現に向けて準備をすること**が「ライフプランを立てる」ということです。

　ライフプランは、あなたの人生の地図であり、ナビゲーター。
「なんか大変そう……」と思ったかもしれませんが、いわば、未来の年表を作るようなものです。普段の生活でふと「あ〜、こんなところに行ってのんびりできたらいいなぁ」や「これ、欲しいなぁ。でも高いから無理かなぁ」、「あと10年もたてば水回りのリフォームが必要になるだろうなぁ」など、**将来のやりたいことや必要なことを未来の年表に書けば、ライフプランができあがります。**

　今までのあなたは、もしかしたらこんな感じ？

　でも、これからはこうなれる！

　頭だけで考えると難しく感じてしまうので、まずは手を動かしてみましょう。

この本のカバーの裏に「家計の将来シミュレーション」の記入シートがあります。左側には記入見本が、右側には書きかたの説明がありますから、これを参考にしてライフプラン部分から書いていきましょう。

🌱 ライフプランの見本（表紙カバー裏参照）

経過年数	今年	1年後	2年後	3年後	4年後	5年後	6年後	7年後
西暦	2025年	2026年	2027年	2028年	2029年	2030年	2031年	2032年
お名前 ノブ	35	36	37	38	39	40	41	42
お名前 ミサ	35	36	37	38	39	40	41	42
お名前 ハナ	3	4	5	6	7	8	9	10
お名前 シュウ	1	2	3	4	5	6	7	8
お名前								
ライフイベントと予算	ミサ時短復帰 250万円・シュウ保育園	ハナ保育園無償化		マイホーム3,000万円 シュウ保育園無償化	ハナ小学校	海外旅行50万円	ミサフルタイム300万円・シュウ小学校	車の買い替え150万円

パソコンで作成したい人は、わたしのWEBサイトにエクセルシートを用意しています。**カバーの著者紹介の下にある「購入者限定」の「ユーザー名とパスワード」を入力して、ダウンロードしてください。**

　まずは、①西暦、②家族の名前、③年末時点での年齢を書きます。その後に、年齢と共に発生するイベントや将来やりたいことを、実現したい年の「ライフイベントと予算」の欄に書き込めば、ライフプランの完成です。

　ライフプランには「正解」も「平均」もありません。大事なことは「もしもできるとしたら、どんな人生を送りたいか」という視点から書くことです。

　そして、未来は誰にもわかりません。「わからないから書けない」ではなく、**わからないからこそいろんなパターンをつくれるのがシミュレーションの良さ**です。「もしもできるとしたら？」という前向きな気持ちで書きましょう！

　とはいっても、どうしても「わからない」「思い浮かばない」という人のために、奥の手をご紹介します。『もしも余命が1年だとしたら、やり残したことはなんだろう』と想像して、思いついたことを将来の仮プランにしてみてくださいね。

　ライフイベントを書いていくと、「車を買い替えたばかりだから次の買い替えはまだ先と思っていたけれど、今からそのお金を貯めておかないといけないんだな」、「10年後に家族で海外旅行に行きたいと思っていたけれど、下の子の受験と重なるから時期をずらさなきゃ」などの気づきがあると思います。一度立てたプランも、シミュレーションだからこそ調整できます。

　また、長い人生の中では考えかたや家族構成が変わることもありますし、税制や社会保険などの制度は毎年変化します。そんなときに、ライフプランがあると、安心して一歩を踏み出せるようになりますよ。

第1章　家計管理

17

🌱 ライフイベントと予算の目安

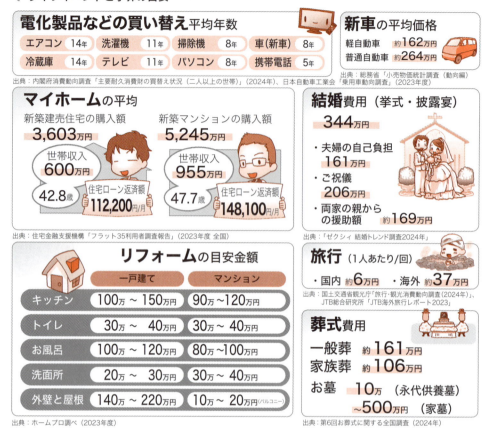

1-3 将来の貯蓄をシミュレーションしよう！

　ライフイベントが書けたら次は、「家計の将来シミュレーション」です。今の収入や支出をもとに、ライフイベントを実現したときの未来の貯蓄額を想像しましょう。

　この本のカバー裏の両側にある見本と書きかたを見ながら数字を記入して、電卓をたたいてみてください。

　記入する数字は、正確でなくてかまいません。「4月から働き始めたから、今年の収入は8カ月分で書かなきゃ」「10月に家を買うから、家賃とローンを分けなきゃ」と計算し始めると、書き終わる前に疲れきってしまいます。

　大事なことは**「大きなお金の流れをつかむ」**こと。

　家計の将来シミュレーションは、将来の何百万円、何千万円という大きなお金の流れを見るためのものです。そもそも、将来の給与や年金も「見込み」や「予想」ですから、数カ月の収支や1度きりの数十万円は「誤差」の範囲です。「ざっくりでいいんだ！」といい意味で開き直って、書き始めましょう。

1-4 家計の将来シミュレーションを書き終わった人はここをチェック!

> この本のカバー裏の「家計の将来シミュレーション」を書き終わったら読みましょう。これから書く人は、20ページに進んでくださいね。

　家計の将来シミュレーションをつくると、ライフイベントを書いたときよりもお金のことが気になりませんでしたか？

　たとえば、手取収入を書いている途中で「そういや60歳からの再雇用は年収3割カットって上司が言ってなかったっけ？」と思い出したり、「子どもたちが独り立ちしたら、生活費って減るんじゃないの？」と考えたりすることで、次に調べたり、行動することがわかってきます。

　そして最大の特徴が、**将来の貯蓄額を「見える化」できる**ことです。

　貯蓄額が順調に増えている人は、ひとまず安心です。ただし、共働き世帯では生活費が高くなりがちなため、年金生活になると急激に貯蓄が減る傾向があります。この機会に家計の見直しを行いながら、100歳までのシミュレーションを作成してみましょう。

　一方で、貯蓄額の赤字が続いている人は、家計の改善が急務です。33ページからお伝えする家計の改善策3つの方法を実践してください。

　なお、たまたまイベントがある年だけの年間収支のマイナスは問題ありません。もともと貯蓄は、そのときの収入ではまかなえない支出をカバーするために備えているお金です。ライフイベントを迎えたときに、楽しく使えるように準備をしていきましょう。

今は、夫婦の約7割が共働き。2人分の収入はゆとりが得やすい半面、管理がしにくい点が悩みのタネになるようです。自分たちに合った方法を実践してみましょう。

項目分担派	住居費や食費などの支出担当者を決める方法。メリットは、担当者が明確なこと。ただし、家計全体の支出総額と貯蓄額がわかりにくいため、支出の引き落とし口座数を絞るとともに、「見える化」を意識しましょう。
金額分担派	収入から一定金額ずつを家計費として出し合う方法。メリットは、各自の負担金額が明確なこと。ただし、それ以外のお金は自由なため、貯蓄が増えにくいのが欠点。貯蓄額も夫婦で決めて実行しましょう。
1人分で生活派	1人分の収入を家計費に充てる方法。メリットは、もう1人分の収入が確実に貯まること。ただし、生活費を負担している人の貯蓄が増えないため、1年に1回は貯蓄を精算してモチベーションアップを図りましょう。

2. 毎月いくら貯めたらいいの？

ライフプランを書くと、まとまったお金が必要になるイベントが意外とあることに気づきませんか？ 入ってきたお金をすべて使ってしまうと、将来、まとまったお金が必要なときにやりたいことが実現できません。一方で、やみくもにお金を貯めると、今ある時間を楽しめません。

そこで、「いつ」「何に」「いくら」必要かという仮目標を立てて、そのお金を今からコツコツ準備します。それが「**逆算貯蓄**」です。

2-1 ライフプランに合わせた積立をしよう！

たとえば、7年後に150万円の車を買い替えるとしましょう。

「逆算貯蓄」では、150万円÷7年÷12カ月を計算して、「毎月18,000円を7年間積み立てたら、目標の150万円の車の買い替えができる」と考えます。

でも、「お金がなくてもすぐ買いたい」ときがあるかもしれません。150万円の車を金利5％のディーラーローンで買うと、毎月の返済額は21,000円。支払総額は178万円ですから、利息を28万円支払うことで、いわば、お金が貯まるまでの時間をお金で買ったといえるでしょう。

でも、毎月コツコツ積み立てるなら18,000円で良かったのが、ローンになると毎月21,000円の返済額になり、それを7年間休むことなく続けなければならないわけです。これこそ家計の負担になりませんか？

逆算貯蓄で家計の安心をつくっていきましょう。

🌱 **積立をした人、しなかった人（ローン利用）でこんなに変わる**

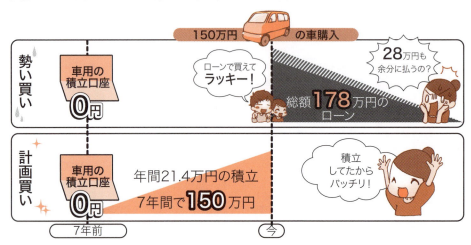

それでは、あなたのライフイベントに応じた毎月・ボーナスでの積立金額を、次のページの「ライフイベント用の**逆算貯蓄計算シート**」で計算しましょう。

　22ページの記入例のとおり、Ⓐ7年後の車の買い替え予算がⒷ150万円なら、毎月約18,000円を積み立てると、目標額を達成できることがわかります。ただし、車のためだけに18,000円を**毎月積み立てる余裕がないときは、ボーナスを使って貯めましょう**。

　毎月3,000円なら無理なく貯めることができるのなら、3,000円×12カ月×7年間＝252,000円となり、7年間の毎月の積立合計額はⒸ約25万円です。目標額150万円から25万円を差し引いた残りは125万円なので、これを年2回のボーナスで貯めます。1回のボーナスで貯める金額は、125万円÷7年÷2回＝89,286円です。これなら、毎月の積立とボーナス時の積立を合わせて、7年後には目標額の150万円が貯まりますよ。

　なお、予算は150万円だけど、すでにある預貯金50万円を使う場合は、これから貯める金額の100万円だけを逆算貯蓄で貯めていきます。

　逆算貯蓄で計算した金額の積立が難しい場合は、「予算が高すぎないか」、「時期をずらせないか」などを検討しましょう。

　そして、貯まったお金を気持ち良く使うためのコツが、**生活費用の口座とは別に「目的別積立口座」を作ること**です。

　たとえば、車の買い替え用の積立を生活費と一緒の口座で貯めていると、「車を買ったら貯蓄が減っちゃった……」と思ってしまいます。でも、最初から生活費用の口座とは分けて積み立てていると、「車用のお金が貯まったから買い替えよう！」と楽しくお金を使うことができます。

　必要なお金を計画的に準備できると、「お金がないのにどうしよう」という不安や、「もっと前から貯めておけばよかった」という後悔、「そんな急にお金がいるっていっても、どうするのよ⁉」などのイライラとサヨナラできます。

　必要なお金を貯めつつ、気持ち良くお金を使うための「しくみ」をつくりましょう！

支出はすべてを1つの口座から。貯蓄は目的別に口座を分けるのがコツ。

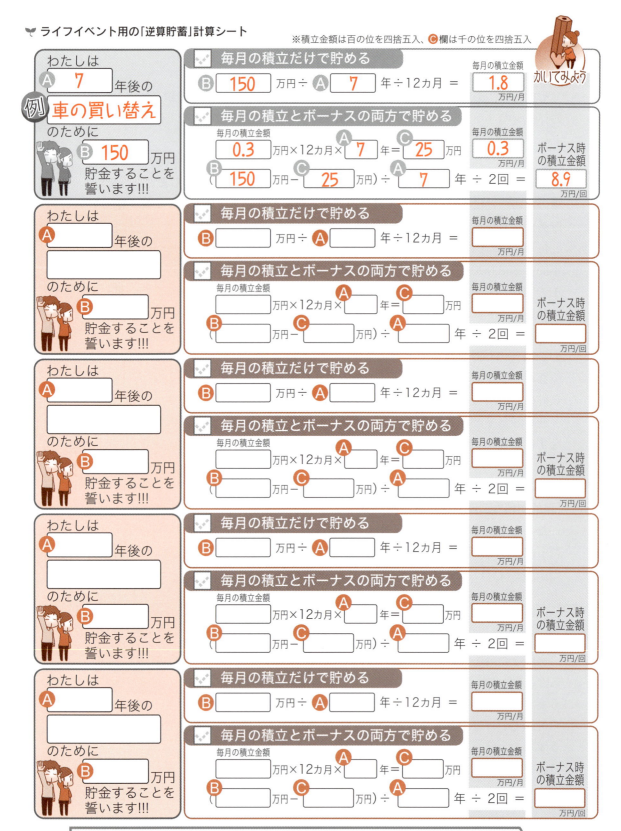

2-2 自動積立のしくみをつくれば、楽ラク貯まる♪

お金が貯まらない人の家計は、たいてい「使った残りのお金が貯蓄」という流れになっています。気持ち良く使うためには、逆算貯蓄で決めた金額を先取り貯蓄する、つまり「収入－貯蓄＝支出」のしくみが必要です。

家賃や水道光熱費、携帯電話代などを毎月忘れずに払い続けることができるのは、給料口座から自動引き落としされているから。それなら貯蓄も同じように、**目的別の貯蓄口座に自動的にお金が移動するしくみを作れば貯まる**ハズです。

自動積立のしくみづくりは、金融機関に申し込みをするだけです。

使う時期が数年以内のお金や減らしたくないお金は、銀行の自動積立定期預金や職場の財形貯蓄で積み立てます。目的別に預け分けをした通帳に「旅行用」「車の買い替え用」と書くとやる気がアップします。ネット銀行によっては、オンライン上で目的別の貯蓄ができるところもありますよ。

また、老後資金のように**使う時期が10年以上先だったり、少々変動してもほかの貯蓄でカバーできる場合は、iDeCoやNISAを使った投資が向いています**（第5章・第6章）。たとえば、NISAで子どもの教育資金とリフォーム費用を準備したいとき、A投資信託は教育費用、B投資信託はリフォーム用として投資商品を分けておくと、目的別積立が実現できるし、必要になったときにも解約しやすくなります。

お金が貯まる「目的別貯蓄」のしくみと記入シート

先に貯めて残りで生活するほうが、やりくりがラクそう！使いながら「貯めなきゃ」って思っているからストレスがたまるんですね。簡単なことなのに、まさに目からウロコです。

3. ラクしてできる家計管理を教えて

「逆算貯蓄」を実行するためには、収入と支出の把握が欠かせません。そこで、10ページからの現状記入シートを振り返ってみましょう。

空白が多かった人も、使途不明金が多かった人も落ち込まないで！

現状記入シートの目的は「お金の現状を知る」こと。「わからないことがわかった」ということも大事な気づきです。

3-1 家計管理のカギは「手取収入」にあり！

給料が口座に振り込まれるとき、**額面金額から社会保険料と税金が天引き**されます。このふたつは法律で天引きすることが決まっています。社会保険には、会社員なら厚生年金保険と健康保険、介護保険、雇用保険があり、自営業者なら国民年金と健康保険、介護保険があります。社会保険がどんなふうにわたしたちに役立っているかについては、第2章と第3章の保険や第5章の年金でお伝えします。税金には、所得税と住民税があり、詳しくは第9章でお伝えしていきます。

さて、会社員の場合、社会保険料と税金を納めた後の「手取収入」は、年収の何割ぐらいだと思いますか？（振込金額ではありませんよ）

🌱 **会社員と自営業者の手取収入**

答えは、約8割です。**年収の約8割が手取収入**であり、「自由に処分できる（使える）お金」ということから、可処分所得ともいいます。年収500万円なら、手取収入は約8割で400万円です。あなたが書いた10ページの現状記入シートの「年間手取収入」は、だいたい年収の8割になりましたか？

毎月の給料とボーナスを合計しても、年間手取収入が年収の約8割から大幅に少

ないという人は、振込金額で計算していませんか？ 財形貯蓄や持株積立、生命保険料や昼食代、組合費などの個人や会社の事情で給料天引きされているお金もいったん手取収入に含めて、年収の8割での家計管理を意識しましょう。

なお、年収が高いと納める社会保険料や税金も高くなりますし、家族構成によっても納税額は変わります。独身者なら年収700万円前後から、扶養家族がいる人も年収約800万円を超えると手取収入の割合は75%ほどになります。

自営業者は、確定申告書の控えを見ながら売上から必要経費を差し引き、さらに社会保険料と税金を差し引いた額が手取収入です。

3-2 源泉徴収票と住民税決定通知書で「手取年収」を計算しよう

源泉徴収票の「給与所得控除後の金額」を手取年収と思っている人が多いのですが、これは税金を計算する途中経過の数字です。手取年収ではないんです。

本当の手取年収は、148ページの源泉徴収票と156ページの住民税決定通知書から計算できます。この金額が、あなたが本当に使えるお金ですよ。

🌱 **手取年収の計算式**

	さん	さん かいてみよう
給与収入（源泉徴収票の「支払金額」❶）…………………	約　　　　万円	約　　　　万円
− 社会保険料（源泉徴収票の「社会保険料等の金額」⑪）…………………………………	約　　　　万円	約　　　　万円
− 所得税（源泉徴収票の「源泉徴収税額」❹）…………	約　　　　万円	約　　　　万円
− 住民税（源泉徴収票の「❷−❸」×10%、または、住民税決定通知書の「特別徴収税額」❺、または、給料から天引きされている住民税を12倍した金額）*…………	約　　　　万円	約　　　　万円
手取年収	約　　　　万円	約　　　　万円

3-3 家計簿は道具のひとつ

家計簿は、几帳面な人ほどつけているイメージがあるようですが、そうとも限りません。几帳面な人は、「支出項目を正しく分けなきゃいけない」「収入と支出が合うようにつけなければいけない」と考えてしまい、その結果、「どの項目に分けたらいいのかわからない」「収入と支出が合わない」となったときに、「中途半端なら、つけても意味がない」と、挫折してしまうことも多いのです（もちろん、わたしのように単純に「面倒くさい」という方もいらっしゃいます……）。

そもそも家計簿は、自分が使いたいものに十分なお金をかけることができているか、あるいは、ムダなお金が発生していないか、などの「お金の使いかたを考える

---

*ふるさと納税をすると、翌年度の住民税は少なくなります。住民税決定通知書や給与天引きの額から住民税を計算する場合は、ふるさと納税の金額を追加しましょう（155ページ参照）。

ための道具」です。記録することで意識が変わる効果は見込めますが、つけることが目的ではありませんし、収入と支出が合う家計簿が家計管理に優れているわけではありません。

　もしもあなたが「締めるところは締め、出すところは出す！」というお金の管理ができているのなら、家計簿はなくてもかまいません。

　でも、これはあくまでも「お金の管理ができるのなら」という条件つき。いわば、メリハリボディを「つくる」のではなく「維持する」段階の人たちです。「それができないのよ……」という人は、１カ月だけ家計簿をつけてみましょう。最初から「１カ月だけ」と決めていれば、ゴールが近いぶん、成功率は高まりますよ。

3-4 キャッシュレスは使いかた次第

　最近のお悩みで多いのは、「現金とキャッシュレスの両方があるから、結局いくら使っているかわからない」ということ。

　最も簡単な管理方法は、クレジットカードで払う支出を、光熱費や通信費、保険料などの固定費だけにする方法です。食費やおこづかいなど、レジで現金かキャッシュレスかを選択できるものは現金で支払うと、お金を使っている感覚が取り戻せるし、管理もラクです。

　でも、「キャッシュレスを使わない」と言うと、「明細がわかって便利」という声や、「ポイントが貯まるから、現金よりもオトク」という声をよく聞きます。たしかにクレジットカードや〇〇PayなどのQRコード決済はポイントが貯まってオトクです。でも、オトクなはずのキャッシュレスを使いながら、お金が貯まらないストレスをためているんですよね？　それなら今の流れを変えるために、思い切って１カ月間だけでもキャッシュレスを封印しましょう。もちろん、お金を使う感覚が戻ってくれば、使っても大丈夫です。

　なお、一般的なクレジットカードのポイント還元率は0.5％。100万円使って5,000円の還元ですから、ポイントに期待しすぎないようにしましょう。また、リボ払いでポイント２倍などもありますが、使った金額にかかわらず、毎月の返済額が一定になるリボ払いの手数料率は15〜18％。もらうポイントよりも支払う手数料のほうが高いんです。高額な買い物でも一括払いできる家計を目指しましょう。

　そして、アプリで通知される「期間限定」「ポイント〇倍」などにつられて買ってしまう人は、メルマガ購読をやめましょう。ネットショップで買うときもすぐに決済せず、買い物かごで１日ねかせて再検討すると、冷静に判断できますよ。

現金での管理方法を実践してからキャッシュレスに進むと、家計の改善スピードが速まります。

家計管理の方法には、「**記録化**」でお金の出入りを振り返る方法と、「**予算化**」で決めた金額の範囲で使う方法の2つがあります。

どちらの方法でも家計管理はできますし、両方を組み合わせることもできます。**オススメは、使ったお金の振り返りは記録化に優れたアプリを使い、日々の生活費は予算で管理する方法**です。自分に合った方法を見つけましょう。

❤ 家計管理の2つの方法

	方法	特徴	道具の例
記録化	●レシートや明細書から家計簿に収入と支出を記録する ●お金をかけたい支出と減らしたい支出を振り返り、改善策を考える	●費目ごとの金額が正確にわかる ●詳細な管理や分析に向いている	●手書き家計簿 ●エクセル管理 ●「マネーフォワードME」や「Zaim」などのアプリ
予算化	●週・月・年の単位の予算を決める ●予算が不足する場合は現実的な予算に見直し、毎回余るなら予算を減らす	●数字や計算が苦手でもできる ●全体像の把握に向いている	●ウォールポケットやクリアポケットファイル ●予算ごとのお財布分け ●「B／43」などのアプリ

3-5 「記録化」管理と振り返り方法

「記録化」の代表的な方法である家計簿は、簡単です。1週間分のレシートを集めて、週末にまとめて書く―これを4回（4週間）繰り返すだけ。

家計簿は、**支出項目別に管理**するタイプが主流ですが、レシートの中身を一つひとつチェックして、食費や日用品などの項目別に分類するのが大変な人は、**お店別に管理**しましょう。「食品を買うのはあのスーパー、日用品はこのドラッグストア」というように、モノを買うお店はだいたい決まっていませんか？　お店別管理もアリなので、やりやすい方法を試しましょう。

お店別ならできそう！　レシートがないときは、買ったモノを写真に撮っておくと思い出しやすそうですね。

最近は、クレジットカードや銀行明細を自動で連携できるアプリ、レシートをスマホで撮る家計管理アプリが人気です。たまったレシートの山を見て気が重くなるのなら、「使った後の記録」はアプリに任せてしまいましょう。

家計簿をつける目的は、「何に、いくら、使っているか」の傾向を知ること。だから、100円単位を四捨五入してざっくり1,000円単位で計算しても、収支が合わなくても問題なしですよ。

家計簿を1カ月つけてみると、お金の使いかたのクセが見つかるはず。

食費などの支出項目別管理の場合は、支出が多い項目の改善アイデアを考えて、お店別管理の場合は、お店の利用頻度を下げる方法を考えましょう。

また、毎日のようにお金を使っていることがわかった人は、「水曜日はお金を使わない日」というように、スーパーやコンビニに行かない日を決めると、支出がカンタンに減りますよ。

なお、がんばって書いた家計簿を見て、「これが使いすぎ」「これはムダ」と自分のダメなところを探して反省するのは、楽しい作業ではありません。見直しをストレスに感じる人は、次の「予算化」に挑戦してみませんか？

3-6 「予算化」の家計管理は3つの時間軸で管理する

「予算化」管理では、文字どおり**適切な予算を決めること**がカギです。予算さえ決まれば、家計簿ナシでも大丈夫だし、電卓をたたいて計算する必要もありません。使う前から管理がラクになる方法が「予算化」管理です。

管理の時間軸は「週・月・年」の3つです。

🐦 週間・月間・年間予算管理術

	1週間 管理	1カ月 管理	1年 管理
主な支出	食費・日用品・レジャー費・交通費・医療費	おこづかい	特別支出（季節のイベントなど）
支出の目的	家族で使うお金・生活に必要なお金	個人の楽しみとして使うお金	毎週・毎月発生しない支出（32ページ参照）
管理方法	予算の範囲におさまれば、どの支出が多くてもOK。1週間内で帳尻を合わせる	使うときと使わないときの差があっても、1カ月でおさまればOK	支出の時期と金額を予定して、その中でおさまればOK

① 家計費は1週間管理

1週間管理は、その名前のとおり**家計の予算を1週間で区切る方法**です。1カ月管理では先が長く、1日管理ではまとめ買いができません。**1週間管理なら普段の生活スタイルと連動するから続きます**。

また、1週間が月をまたいだり、給料日の前に引き出し日が来たりしても、気にする必要はありません。生きている限り1週間は続きます。予算内で生活する習慣をつけましょう！

「1週間予算」の対象となる家計費は、12ページの毎月の支出にある「食費・日用品・レジャー費・交通費・医療費」など、レジで自分の意思で現金払いを選べる支出です。ここには、個人で使うおこづかいや自動引き落としとなる水道光熱費などは含めません。**1カ月の家計費の合計額を30日で割り、7日を掛けた金額（百円**

の単位は切り捨て）が「家計費の1週間の予算」です。

　1週間の予算内なら、食費が多くてもレジャーが多くてもOK！　電卓も家計簿もいりません。週分けなら費目別の封筒分けと違って、買い物から帰ってきてからの食費と日用品の残金の調整もいらないから楽ラクですよ。

1週間現金管理の記入シート

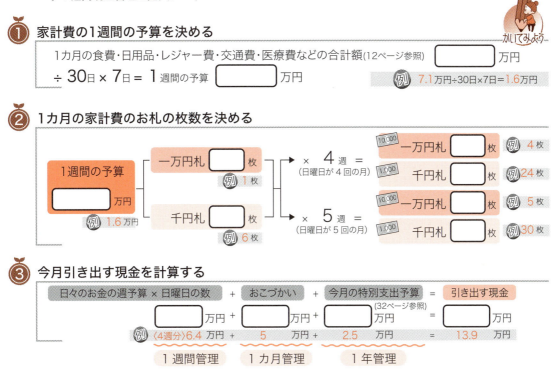

家計の1週間予算とおこづかいの1カ月予算は、お財布を分けて持つ！

　予算管理のコツは、「引き出すお札の枚数を決める」こと。

　1カ月の予算をすべて1万円札で引き出すと、1週間分の予算に分けられません。そこで、ATMで引き出すときにひと手間かけます。「1万円」ではなく「10千円」と入力すると、千円札が10枚出てくるから、1週間分ずつラクに分けられます。

　1カ月の中には4週の月と5週の月がありますから、月曜始まり日曜締めのルールを決めて、日曜日の数（週）でお札を引き出すのが成功のコツです。

　ATMから引き出す枚数が決まれば、今月引き出す現金を計算します。1カ月分の家計費におこづかい、そして、その月に予定している特別支出（32ページ）の合計額を一度に引き出します。**使い切ったら大成功！　予算の達人**ですよ。

さて、1週間管理で効果的なグッズが「マネポケ®*」です。やりかたは簡単。①**ウォールポケットに1週間の予算を分けて、「見える化」する**、②1週間の予算を、週ごとに家計のお財布に入れて使う、③余ったお金は下の段の右側にある「ごほうびポケット」に入れる、これだけです。

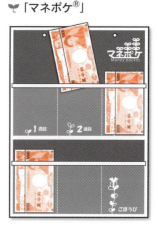
「マネポケ®」

前半にがんばった分だけ最後の週に使える「ごほうびポケット」のお金が増えるから、がんばる楽しみができます。**足りないときは、翌週の予算から前借りして、ごほうびには手をつけないのがコツ**です。

マネポケの下の段の真ん中は、1カ月が5週ある月の週予算を入れたり、現金払いの月謝や32ページの特別支出の予算を入れたりして、必要なときに取り出して使いましょう。

ポイント 1週間の予算が千円減ると、1年後には5.2万円貯まる♪

マネポケは現金管理がキホンですが、後払いのクレジットカードやQRコード決済を使ったときは、「キャッシュレス利用分の封筒」を作って、使った金額を千円単位に四捨五入して封筒に入れましょう。1カ月の最後に、封筒に入っている現金をキャッシュレスの引き落とし口座に入金すると、キャッシュレス払いの金額がざっくり管理できるし、ポイントも手に入ります。

また、慣れてきたら1週間の予算を事前にチャージするプリペイドカードやQRコードなどを活用する方法もありますよ。

なお、**予定外の支出が発生したときの味方が「封筒金庫」**です。封筒金庫は、封筒に千円札で50枚（5万円分）ほどのお金を入れて家の中に置いておきます。家計費でもない、おこづかいでもない、特別支出でもない臨時支出が出たときは、封筒からお金を取り出して使います。おつりを封筒に戻す必要はありませんが、使った理由と金額を封筒や32ページに記入しておくと、来年の家計管理に役立ちます。

② おこづかいは1カ月管理

洋服や飲み会、趣味や化粧品などの自分のためだけに使うお金を「おこづかい」とよびます。おこづかいは使うときもあれば使わないときもあるから、家計費のお財布とは別に**おこづかい専用の財布を持ち、1カ月でコントロールする**のです。

ときどき「わたし、おこづかいがないんです」という人もいらっしゃいますが、

---

*「マネポケ®」は著者ホームページ、またはマネカレ企画にて案内しています。ポケットが6つあるウォールポケットでも代用できます。

そんなことはありませんよね？　それは、「ない」のではなく、ランチやカフェは食費に、洋服や化粧品は日用品費にまぎれこんでいるだけ。生きていくうえで食費が欠かせないように、**個人が自由に使えるおこづかいも必要な支出**です。1カ月のおこづかいの金額を決めることで、堂々と楽しく使えるようになりましょう。

次の表は、おこづかいの平均額ですが、おこづかいに含める支出のルールは、家庭により異なります。平均にこだわり過ぎず、予算を決めてくださいね。

会社員の1カ月のおこづかい（昼食代込み）はいくらぐらい？

	男性				女性			
	20代	30代	40代	50代	20代	30代	40代	50代
金額	40,373円	36,196円	36,089円	43,453円	40,578円	39,444円	31,394円	28,809円

出典：SBI新生銀行「2024年会社員のお小遣い調査」

③ 特別支出は1年管理

家族の誕生日や長期休暇、帰省費用に自動車税や固定資産税など、「毎月は発生しない。でも、毎年発生する支出」はたくさんあります。

実は、この年単位の特別支出がクセモノです。

「今月はゴールデンウィークがあったから仕方ない」、「今月は固定資産税の支払いがあったから赤字」と、毎年発生するにもかかわらず、立派な赤字の言い訳として成立する雰囲気を持っています。でも冷静に考えると、誕生日や年末年始は毎年ありますし、固定資産税や自動車税なども納める時期は決まっています。保険料の年払いも保険に加入したときに、引き落とし時期が決定します。つまり、本当は毎年発生している支出なのに、1年単位の家計管理を考えることが大変なので、「たまたま起こった支出だから仕方がない」と自分を納得させているのです。

「毎年発生する年間支出」がわかれば、予算取りができます。予算取りができると、仕方がない支出から「使っていいお金」というように気持ちも変わります。

次ページの記入シートを書いて、1年間の支出を見渡せる自分になりましょう！昨年のスケジュールを振り返ったり、通帳やクレジットカードの明細などを見ながら書くと、思い出しやすくなりますよ。

> **1年間の特別支出の例**
> お正月・親戚へのお年玉・帰省・新年会・歓送迎会・進学・進級・ゴールデンウィーク・母の日・父の日・固定資産税・自動車税・住民税・夏休み・お中元・お盆・旅行・車検・保険料・誕生日・七五三・お歳暮・資格の更新費用・NHKの受信料・クレジットカードやファンクラブの年会費・バーゲンでのまとめ買い、など

> 1年分の特別支出の予算を「レジャー費」や「交際費」などのグループに分けて現金で封筒に入れておく方法もアリ。これなら1年間に使えるお金と残りがわかるから管理がラクね！

🌱 1年間の特別支出と予算

	年間イベント	予算	結果		年間イベント	予算	結果
5月 例	固定資産税	10 万円	10 万円	12月 例	帰省 かいてみよう	5 万円	4 万円
1月		万円 万円 万円 万円	万円 万円 万円 万円	7月		万円 万円 万円 万円	万円 万円 万円 万円
2月		万円 万円 万円 万円	万円 万円 万円 万円	8月		万円 万円 万円 万円	万円 万円 万円 万円
3月		万円 万円 万円 万円	万円 万円 万円 万円	9月		万円 万円 万円 万円	万円 万円 万円 万円
4月		万円 万円 万円 万円	万円 万円 万円 万円	10月		万円 万円 万円 万円	万円 万円 万円 万円
5月		万円 万円 万円 万円	万円 万円 万円 万円	11月		万円 万円 万円 万円	万円 万円 万円 万円
6月		万円 万円 万円 万円	万円 万円 万円 万円	12月		万円 万円 万円 万円	万円 万円 万円 万円

1年間の特別支出予算の合計額 _____ 万円 （結果は _____ 万円）

4. 家計改善のポイントは？

4-1 家計改善のコツは3つ

家計管理のしくみが整ったら、貯蓄力をあげる3つの方法を実践しましょう。

まずひとつめは「**収入を増やす**」です。

資格取得や昇給、パートの開始や転職、副業などで定期的な収入を増やすほか、フリマアプリを使った不用品の販売などの方法があります。不定期でも、数千円でもいいので、収入を増やす方法を考えてみましょう。また、今の収入金額を増やすだけでなく、「長く働く」や「年金を繰下げ受給する（90ページ参照）」ことも、生涯収入を増やす方法です。

2つめは「**支出を減らす**」です。

日々の節約に限らず、毎月決まった金額が出ていく固定費を見直すと、ストレスは小さく、家計は大きく変化します（34ページ参照）。また、第2章・第3章で学ぶ社会保険や会社の福利厚生、第9章の税金など、自分が使える制度やサービスの見落としがないかを調べて、二重支出をカットしましょう。

3つめは「**お金を育てる**」、つまり運用・投資です。

投資というと株式投資を連想する人が多いのですが、目的に合っているのなら、普通預金も運用方法のひとつです。せっかく稼いだお金ですから、使う目的や自分に合った商品で増やし、楽しみながら使える方法を見つけましょう。具体的なお金の育てかたは、第6章でご紹介します。

4-2 支出の見直し3ステップ

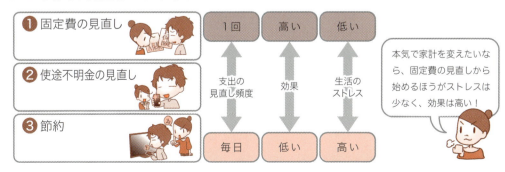

まずは、①「**固定費の見直し**」です。

固定費とは、通信費や水道光熱費、保険料や住居費などの毎月の支出がほぼ一定の支出のことです。固定費は、一回の見直しで大きな効果が長く得られます。

たとえば通信費。大手キャリアの月額平均通信費は約8,000円ですが、格安SIMなら3,000円を下回ります。1台あたり5,000円安くなると、1年間で6万円の節約ができ、30年間で180万円、2人なら360万円という差になって将来の家計を助けてくれます。

このように固定費の見直しは、一回のがんばりが何十年にもわたって効果があり、住宅ローンや保険の見直しにも同じことが言えます。ただし、頭ではわかっていても、「スマホのプランを調べるのが面倒くさい」「住宅ローンの借入先を変えるのは大変」「保険はよくわからない」という気持ちから一歩を踏み出せないことが少なくありません。また、住宅ローンや保険の見直しには、勉強も必要です。

でも、その壁を乗り越えると家計はラクに、大きく変わります。

家計相談では、「もっと早く見直したら良かった」と後悔する人がたくさんいらっしゃいますが、気がついた今が見直しのチャンスです。**固定費を見直すと、何十万円、何百万円、そして1,000万円以上変わる可能性**がありますよ。

🌿 固定費の見直し方法

通信費	・1カ月の通信料（GB）と通話料（時間と相手）を調べ、複数の格安SIMショップが入っている家電量販店などで相談する ・キャリアメールを使い続けたい人は、元の会社にお金を払えば格安SIMに変更しても引き続き使える
水道光熱費	・水道は、節水コマの使用や洗濯機の利用回数を減らす ・電気とガスは現在の使用量を確認して、供給会社のサイトで比較する
保険料	・医療保険、死亡保険は社会保険制度を活用して見直す（第2・3章） ・損害保険は必要な補償の過不足を確認する（第4章）
住居費	・賃貸住宅は住み替えや家賃引き下げの交渉を検討する ・住宅ローンの金利変更や借り換えを行う（第8章）

次は、②「**使途不明金の見直し**」です。

「現状記入シート」（13ページ）の使途不明金はいくらありましたか？

使途不明金が多い家計やマイナスになった家計は、先取り貯蓄をしていても、実際はそれ以外の貯蓄を取り崩して生活している状況を表しています。何に使ったのかわからないまま貯まっていないお金は、お金を使う目的を決めて「活きたお金」に変えましょう。使途不明金も見直しの大きなチャンスです。

最後が③「節約」です。

日々の節約は大切ですが、電気や水の使いかたにもこだわるような「日々の節約」から始めると、やらされる家族からは理解されないことが多く、本人にとっても「家族が協力してくれない」というストレスになりかねません。生活スタイルを一気に変えるような極端なやりかたは避けて、続けられそうなことから始めましょう。

また、節約というと「食費を減らす」「おこづかいを減らす」から実行する人が多いのですが、大事なことはメリハリです。「家にはこだわる分、食費を減らす」「食事はゆずれないから洋服代を削る」など、優先順位をつけて行いましょう。

4-3 支出の優先順位は、「幸せ温度計」ワークでわかる

自分が大事にしたい支出を確認したいときや、夫婦で落ち着いてお金の話をできるようになりたいときの解決策が「幸せ温度計」ワークです。
「幸せ温度計」ワークのやりかたは簡単！

①A4用紙と付せんを用意する、②付せん1枚につき、下記の支出を書く、③大事にしたい支出の順番に並べ替える、これだけです。付せんに書く項目は、あなたの家計に合わせて調整してください。

付せんの項目例	食費、日用品、家族のレジャー費、おこづかい（洋服代、美容費、趣味などに分けてもOK）、水道光熱費、通信費、交通費、住居費、教育費、保険料、ペット、交際費、旅行代、車関連費用など

並べ替える際は、必要性の高い・低いや、金額の多い・少ないは関係ありません。たとえば「食費は生きるために必要だから」という理由では並べません。「健康に良い食べ物を摂りたい」なら優先順位は高く、「満腹になればなんでもいい」と思うのなら優先順位は低くなります。

簡単に見えるワークですが、実際に並べ替え始めると、意外と皆さん悩まれます。夫婦で行うときは、それぞれが並べ替えた後に見せ合うと、**優先順位が違うことが見える化できます**。違うことが明確になったからこそ、「だから、けんかになるんだ」という前向きな納得もできるし、「相手の考えもちゃんと聞かなきゃ」と思えます。優先順位の理由をお互いに伝えることで、今まで言えなかった思いに触れることができるかもしれませんね。

家計を見直す際は、優先順位が高い支出は確保しつつ、優先順位が低い支出、または、真ん中ぐらいに並んだこだわりの少ない支出から行います。これならストレス少なく、メリハリをつけた見直しができますよ。

第2章 医療保険のキホン

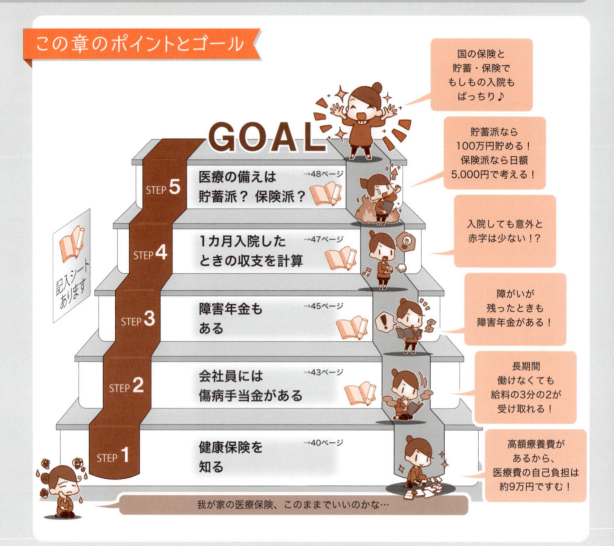

1. 医療保険は、入ったほうがいいですよね？

1-1 我が家の保険の現状をチェックしよう！

「みんなが保険に入っているから……」「何もないのも不安だし……」と、自分の状況を理解しないままに保険に入っていませんか？ 実は、保険に入っていなくても困らない人は、たくさんいます。

次のチェックシートで、あなたの現状を確認してみましょう。当てはまるところを選び、線を結んでみてください。

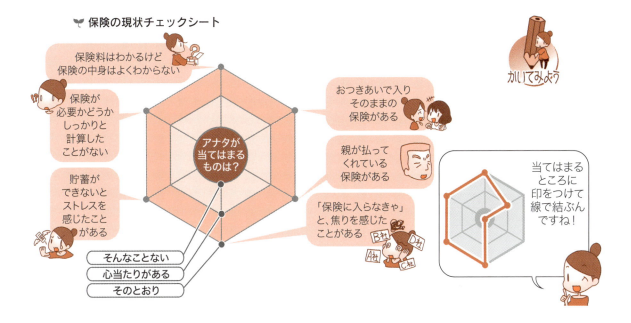

🌱 保険の現状チェックシート

どんな形になりましたか？

サイズの大きい「メタボ保険」になっている人ほど、見直し効果は高くなります。見直しの必要がある人も、現状では大丈夫だった人も、この機会に保険のキホンから一緒に確認していきましょう。

保険とは、起こる確率は低いけれど、起こったときに貯蓄だけではカバーできないことに対して、保険料を払ってもしものときに備えるもの。

1-2 保険は、国と民間の2本立て

　入院したときや働けなくなったとき、そして、一家の大黒柱が亡くなったときなど、もしものときに必要な金額をすべて貯蓄でカバーするとしたら、多額のお金が必要です。そこで登場するのが「保険」です。

　でも、「保険」と聞くと、テレビのCMやネット広告でよく見る生命保険や自動車保険などを想像しませんか。

　保険には、**国がサポートする「社会保険」**と、**民間の保険会社や共済が運営する「生命保険」と「損害保険」**があります。社会保険には**国民年金、厚生年金保険、健康保険、介護保険（40歳以上の人のみ）、雇用保険、労災保険**があります。

　社会保険は、会社員か自営業者かなどによって、給付の内容も保険料負担も変わります。自分が加入している社会保険の制度を、次の図で確認しましょう。

▼ 社会保険の分類と主な給付

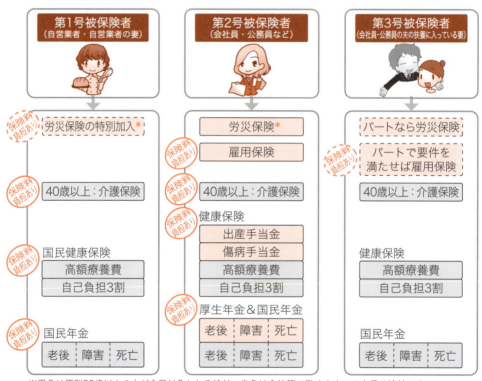

※黒色は原則20歳以上の人が全員対象となる給付、赤色は会社等で働く本人への上乗せ給付です
※表中の「妻」を「夫」と読み替えても分類は同じです

　自営業者（個人事業主）などの第1号被保険者なら、毎月約1.8万円の国民年金保険料と所得に応じた国民健康保険料、40歳以上になると介護保険料を納めます。

　会社員などの第2号被保険者は、厚生年金保険料と健康保険料、雇用保険料、40歳以上の人は介護保険料を納めます。会社員が納める社会保険料の半分は会社

＊労災保険とは、正社員やパートなどの雇われて働く人が、仕事中や通勤中にケガをしたとき、自己負担ゼロ円で治療を受けることができる保険です。保険料は全額会社が負担します。また、企業と取引のあるフリーランスの人は、自分で労災保険料を納めると特別加入できます。

が負担しますが、それでも毎月の給料やボーナスの約15％を個人負担分として納めます。年収400万円なら約60万円、年収600万円なら約90万円が社会保険料の目安です。

　会社員の夫の扶養に入っている妻などの第3号被保険者の社会保険料は、会社員全体でまかなっているため、個人が自分で社会保険料を負担しなくても保障があります。

　このように、それぞれに社会保険があるからこそ、まずは「国の保障」を理解し、さらに会社員・公務員ならではの「職場の保障」がないかを確認し、最後にその2つの保障で足りない部分を「自助努力」として貯蓄や民間保険でカバーしましょう。

保険の考えかた

ミニ知識

退職後の健康保険は、3種類から選びます。失業給付＊は非課税ですが、健康保険の扶養を判定する際は収入にカウントされるため、収入要件を満たせずに任意継続被保険者を選ぶケースが多いようです。ただし、失業給付の終了や所得が下がった場合は、前年の所得によって保険料が決まる国民健康保険や家族の扶養に変更すると、保険料が安くなる可能性があります。退職後に自分で健康保険料を納める場合は、健康保険組合の付加給付（41ページ参照）の有無を含めて検討しましょう。

	加入条件	手続き	健康保険料と介護保険料	在職時の月収30万円の例※
家族の健康保険	●年収130万円＊（60歳以上または障害厚生年金受給者は180万円）未満 ●被保険者の年収の2分の1未満	家族の健康保険	なし	0円
任意継続被保険者	●退職日までに継続して2カ月以上加入 ●退職日の翌日から20日以内に手続き ●加入は最長2年	在職中の健康保険	退職時の2倍（協会けんぽは上限あり）	35,490円／月
国民健康保険	●上記2つに該当しない人 ●退職日の翌日から14日以内に手続き	市区町村	前年所得や世帯人数等による（最大109万円／年）	47,567円／月

※40歳以上の配偶者ありの年収480万円の人、全国健康保険協会大阪府の場合

＊雇用保険の加入者が自己都合で退職したときの給付制限は1カ月ですが、公共職業訓練を受ける場合は、給付制限はなくなります。
＊19歳～22歳の学生が健康保険の扶養に入る際の年収要件は、150万円未満です。

2. 入院や働けないときは、どうなるの？

2-1 医療費の自己負担は3割ですむ

　わたしたちは、病院で「**マイナ保険証**」（健康保険証の利用登録をした**マイナンバーカード**）を提示します。これにより、自己負担は医療費の3割ですむのです。

2-2 1カ月の医療費は高額療養費のおかげで約9万円！

　入院や手術などで医療費が100万円かかった場合でも、医療費の自己負担割合が3割なら、自己負担額は30万円ですみます。でも、「退院おめでとうございます。お会計は30万円です。」と言われても、そのお金を払うのは大変です。

　そこで、ひと月にかかった医療費が高額なときは、健康保険の「高額療養費」の制度を使うと、最終的な医療費の自己負担は約9万円（平均月収28万～50万円の場合）ですみます。

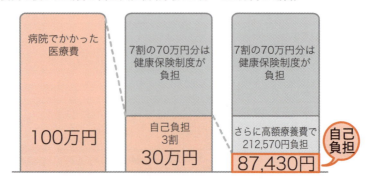

＊75歳以上で2割になるかどうかは、75歳以上の人の課税所得や年金収入をもとに世帯単位で判定します。

高額療養費は、1日〜31日の1カ月間にかかった健康保険の対象となる医療費のうち、所得に応じた一定金額を超えた分を負担してくれる制度です。つまり、**高額療養費で計算した金額が、健康保険が使える医療費の1カ月の自己負担の上限になります**（42ページ参照）。

🌱 **高額療養費ってどんな制度？**

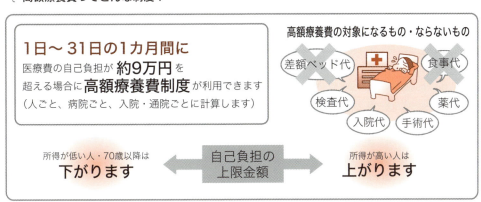

　高額療養費の対象は、初診料や検査代、手術代や入院代、薬代などです。入院時の食事代や健康保険の適用外の医療費、自分で希望した差額ベッド代、テレビ代やパジャマ代などは対象にはなりません。

　なお、治療に必要で医師の指示により個室に入った場合は、差額ベッド代を負担する必要はありません。利用時の説明や請求書類を注意して確認しましょう。

 入院しても手術しても、1カ月の医療費は高額療養費があるから約9万円ですむ！

　大企業の健康保険組合の中には、高額療養費の自己負担の上限がさらに少なくなる「付加給付」があることも。付加給付のほかにも会社や組合、福祉会などから独自の給付がある企業もあります。健康保険組合や共済のホームページに載せているところも多いので、健康保険組合や会社に確認してみましょう。

A健康保険組合＋互助会	●1カ月あたりの自己負担の上限が25,000円（上位所得者は50,000円）になる ●病気休暇が最大90日あり、その間の給料は全額受け取れる ●5日以上の入院で、1日あたり1,000円が受け取れる
B健康保険組合	●1カ月あたりの自己負担の上限が20,000円になる

第2章　医療保険

高額療養費は自己負担額の引き上げが検討されており、今後の動きに注目です。

🌱 70歳未満の自己負担の上限

所得区分（年収の目安）	1カ月あたりの自己負担上限額	医療費が月100万円の場合	1年間で4回目以降
健康保険：平均月収81万円以上、 国民健康保険：年間所得901万円超 （年収約1,160万円～）	252,600円＋（医療費－842,000円）×1%	約25万円	140,100円
健康保険：平均月収51.5万～81万円、 国民健康保険：年間所得600万～901万円 （年収約770万～約1,160万円）	167,400円＋（医療費－558,000円）×1%	約17万円	93,000円
健康保険：平均月収27万～51.5万円、 国民健康保険：年間所得210万～600万円 （年収約370万～約770万円）	80,100円＋（医療費－267,000円）×1%	約9万円	44,400円
健康保険：平均月収27万円未満、 国民健康保険：年間所得210万円以下 （～年収約370万円）	57,600円	約6万円	44,400円
住民税非課税者	35,400円	約4万円	24,600円

※平均月収とは、4月～6月の収入の平均額のこと。ねんきん定期便の「標準報酬月額」に記載されています

🌱 高額療養費を使った後の自己負担額がわかる記入シート

	加入している健康保険の種類 （マイナポータルの健康保険証や旧健康保険証の記載を確認）	月収目安額	1カ月あたりの自己負担の上限
例	全国健康保険協会・（　　　）健康保険組合・国民健康保険	約 **30** 万円	約 **9** 万円
さん	全国健康保険協会・（　　　）健康保険組合・国民健康保険	約　万円	約　万円
さん	全国健康保険協会・（　　　）健康保険組合・国民健康保険	約　万円	約　万円

🌱 70歳以上の自己負担の上限

所得区分	外来（個人ごと）	外来＋入院（世帯単位）	1年間で4回目以降
現役並み所得者	70歳未満の平均月収27万円以上と同じ（所得に応じて3段階）		
一般所得者	18,000円（年間14.4万円上限）	57,600円	44,400円
住民税非課税Ⅱ	8,000円	24,600円	
住民税非課税Ⅰ		15,000円	

※現役並み所得者とは、年収370万円以上（住民税課税所得が年145万円以上、平均月収が27万円以上）などの人
※住民税非課税Ⅰとは、年金収入のみの場合、年金受給額80万円以下など総所得金額がゼロの人
※住民税非課税Ⅱとは、住民税非課税Ⅰ以外の人

> ひと月あたりの医療費に上限があるのなら、緊急性がない入院は、月をまたがずにひと月にまとめようと思いました。

2-3 高額療養費の手続きは、マイナ保険証で

高額療養費を利用するときは、**病院の窓口でマイナ保険証の「限度額情報の提供」（高額療養費の利用）に同意**します。すると、高額療養費が適用された後の少ない自己負担の支払いですみます。

マイナ保険証が利用できない場合は、事前に健康保険から取り寄せた「健康保険限度額適用認定証」を病院に提出するか、後から健康保険に「高額療養費支給申請書」を提出すると、最終的な自己負担は少なくなります。

なお、健康保険組合によっては自分で手続きをしなくても、高額療養費や付加給付を超えて支払った金額が後日、自動的に給料と一緒に振り込まれるところもあります。詳しくは、加入している健康保険組合に確認しましょう。

高額療養費の申請方法

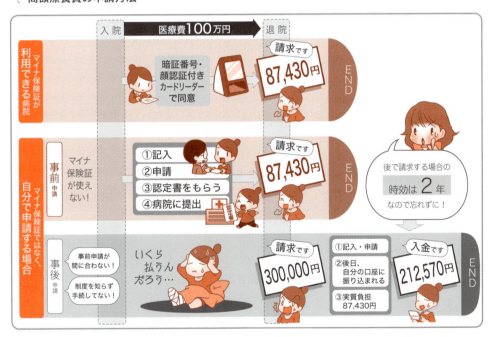

2-4 会社員は働けなくても収入ゼロにはならない

会社員などの本人が病気やケガで働けなくなり、連続3日間以上会社を休み、4日目以降の休んだ日について十分な給料がもらえない場合、健康保険から「傷病手当金」として1日につき給料1日分＊の3分の2に相当する金額を、通算1年6カ月まで受け取ることができます。

ただし、有給休暇（有給）を使うなど、傷病手当金の額より多い報酬をもらった場合には、傷病手当金は支給されません。職場によっては、病気休暇や傷病手当金の上乗せ・延長の付加給付がある健康保険組合もあります（41ページ参照）。

＊給料1日分とは、傷病手当金を受け取り始めた日以前、12カ月間の各標準報酬月額の平均を30日で割った額のことをさしています。

傷病手当金の請求には会社で準備する書類が必要なため、会社に相談しましょう（傷病手当金に税金はかかりませんが、社会保険料は納めます＊）。

　なお、自営業者が加入する国民健康保険には傷病手当金はありません。

ねんきん定期便の「標準報酬月額（千円）」の3分の2が、1カ月分の傷病手当金です。千円単位で書いてあるので、最後の0をとった金額を記入シートに書きましょう。

1カ月あたりの傷病手当金の目安がわかる計算シート

会社員が働けない・障がいが残ったときの給付

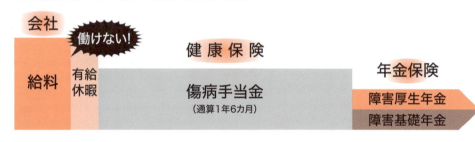

自営業者や専業主婦（夫）に障がいが残ったときの給付

ポイント
会社員は、働けなくても給料の3分の2の傷病手当金が受け取れる。
障がいが残ったら、誰もが障害年金を受け取れる。

＊傷病手当金を受け取っている間の社会保険料は、会社の口座に毎月振り込むか、復職後の給料から会社が立て替えた金額を差し引かれるか、一括で会社に納めます。

2-5 障がい者になったら障害年金を受け取れる

障がいというと、肢体不自由や視覚障がいのような身体的な障がいだけを想像していませんか？ これらのほかにも、がんや統合失調症などの病気によって、**仕事や生活に著しく制限を受ける状態も「障害年金」の対象**になります。

障害年金は、初めて受診したときに加入している年金制度と障がいの状態によって決まります。初診日から1年6カ月経ったとき、あるいは、症状が固定したと認められたときを障害認定日として、障害年金を受け取ります。

会社員などの障害年金の平均額は、1級約281万円、2級約217万円、3級約68万円です（厚生労働省「2019年障害年金受給者実態調査」より）。

なお、障害者手帳の等級と障害年金の等級は、必ずしも一致しません。詳しくは年金事務所に相談しましょう。

🌱 障害年金の種類と金額の計算シート

	1級障害年金	2級障害年金	3級障害年金	障害手当金（一時金）
障害厚生年金	報酬比例の年金額×1.25 ＋ 配偶者の加給年金（約24万円）	報酬比例の年金額 ＋ 配偶者の加給年金（約24万円）	報酬比例の年金額（最低保証約62万円）	報酬比例の年金額×2（最低保証約125万円）
障害基礎年金	約104万円 ＋ 子の加算	約83万円 ＋ 子の加算	子の加算は、第1・2子は約24万円 第3子以降は約8万円	
___さん	約___万円/年	約___万円/年	約___万円/年	約___万円
___さん	約___万円/年	約___万円/年	約___万円/年	約___万円

報酬比例の年金額とは、65歳から受け取る老齢厚生年金の現状の加入歴による金額のことです。61ページを参考に、自分のねんきん定期便から計算できます。

🌱 障害年金の「報酬比例の年金額」の計算シート

※千の位を四捨五入

Ⓐの厚生年金保険の加入月数が300月未満の場合

<61ページの例の場合> 例 Ⓑ 273,868円 ×300÷ Ⓐ 156月 = 報酬比例の年金額 約53万円/年

___さん	Ⓑ ___円×300÷ Ⓐ ___月 = 報酬比例の年金額 約___万円/年
___さん	Ⓑ ___円×300÷ Ⓐ ___月 = 報酬比例の年金額 約___万円/年

Ⓐの厚生年金保険の加入月数が300月以上の場合

老齢厚生年金の合計額が報酬比例の年金額です（61ページの見本のⒷ参照）。＊

＊ 50歳以上の人の「ねんきん定期便」に記載された老齢厚生年金額は、現在の収入のまま60歳まで働いた場合の金額です。60歳までの期間が長い人ほど、実際の障害厚生年金額は上記の試算結果よりも下がります。

3. もしも入院したら、いくらかかるの？

3-1 入院日数は短期化している

入院したときのお金のことを想像するために、実態を見てみましょう。
平均入院日数は短期化し、60日を超える長期入院は少ないことがわかります。

▼ 短期化する入院日数と年齢別の平均入院日数

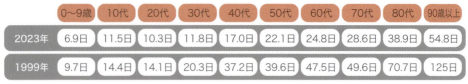

出典：厚生労働省「1999年・2023年患者調査」

▼ 主な疾病の平均入院日数

出典：厚生労働省「2023年患者調査」

▼ 入院時の自己負担額の例（年収目安約370万～770万円の場合）

出典：全日本病院協会「診療アウトカム評価事業」2023年度をもとに著者が作成
入院時の食事代は、入退院日として1日分少なく試算

「入院したらお金がかかる」という不安はあると思いますが、もしも胃がんで入院した場合でも、医療費と食事代の自己負担額の合計は約12万円です。10万円前後のお金があれば、最低限の入院費用は何とかなると考えることができそうです。
また、入院すると付き添いの家族の交通費や入院中のテレビ代、コインランドリー代や希望した場合の差額ベッド代などが必要になります。その一方で、ランチや飲み代などの支出は減ります。家計全体の動きを想像しましょう。

3-2 1カ月入院したときの家計収支は計算できる！

医療保険の必要性は、入院中の収支を想像して計算するとわかります。

右の「入院時の収支がわかる記入シート」の例をご覧ください。

たとえば、額面給料30万円／月、生活費20万円／月の会社員が、入院と自宅療養で1カ月間働くことができなかったとします。

入院中の支出は、医療費の自己負担と食事代約12万円と生活費20万円で、合計31万円です。それに対する収入

は、44ページで計算した傷病手当金＊20万円です。実際に傷病手当金が振り込まれるまでには、申請から約1カ月かかりますが、この収入と支出の差のマイナス12万円が、もしも入院したときの不足額の目安です。

それでは、もしも入院や手術で1カ月療養した場合を想像して、「入院時の収支がわかる記入シート」を書きましょう。パートナーや副業、児童手当などの収入がある人は、パートナーの収入欄に記入して家計全体の収支を考えます。会社や健康保険組合から独自の付加給付がある人は、それも忘れないように書いてくださいね（41ページ参照）。

> 住居費や通信費は入院中も変わらないから、12ページの現状記入シートを見て、食費・レジャー費・おこづかいの増減を想像したらいいのね。

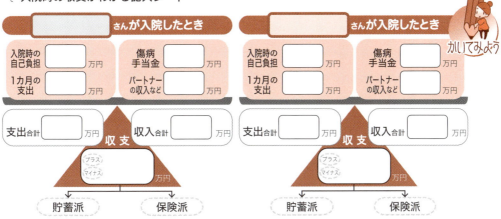

＊傷病手当金とは、会社員本人が連続3日以上休んだときに4日目以降の休んだ日に対して、1日につき給料1日分の3分の2を支給してくれる制度です（43ページ参照）。

3-3 あなたは貯蓄派？ それとも保険派？

　入院時の収支がプラスになった人や、マイナスになったけれど「健康でいる期間のほうが長いから、不足分は貯蓄でまかなう」と考える貯蓄派の人は、医療費専用の先取り貯蓄をして、もしもの入院に備えます。

　右ページの表で、入院日額5,000円の終身医療保険料の例を見ると、どの年代も総額100万円前後です。保険会社は、保険に加入した人から保険料を集めますが、給付金を支払って赤字になる商品は作りません。

　そこで**貯蓄派の人は、一生分の医療費として100万円を目標に、医療費専用の積立**を行いましょう。また、今まとまった貯蓄がある人は、個人向け国債（変動10年）などに取り分けておき、もしもの医療費に備える方法もあります。

▼ 医療費用の逆算貯蓄計算シート

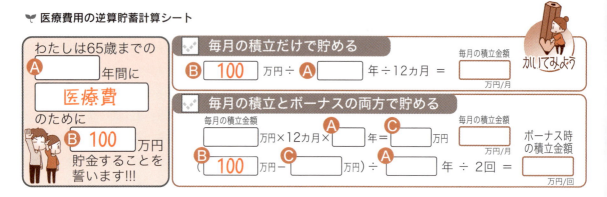

　一方、入院時の収支のマイナス分を貯蓄で負担したくない人や、「収支はプラスになったけど、保険もあったほうが安心」と思った**保険派の人は、入院日額5,000円をベースに医療保険を検討**しましょう。

　たとえば入院日額5,000円、手術給付金10万円の医療保険に加入し、30日間の入院と手術があると、合計25万円の給付金を受け取ることができます。47ページの例のマイナス12万円と差し引きすると、プラス13万円です。この13万円があれば、家族の付添費用や入院雑費もカバーできるのではないでしょうか。

　なお、傷病手当金がない国民健康保険に加入している自営業者や専業主婦（夫）の人、差額ベッド代がかかる個室を希望する人も、医療保険の入院日額は5,000円で加入して、その保険料と同じ金額を「**医療保険に入った"つもり貯蓄"**」で貯める方法があります。高額な入院日額の医療保険に加入しても、医療保険は入院したときしか給付金がもらえません。でも、「医療保険に入った"つもり貯蓄"」なら、そのお金は入院にも、自宅療養にも使えますよ。

 ポイント 入院時の収支を計算したうえで、健康なうちに貯蓄派か保険派かを決断しよう！

3-4 医療保険は総額 100 万円のお買い物!?

　医療保険は、入院したら1日いくら、手術をしたらいくら……というように、入院や手術の保障がついています。保険期間は、60歳などの一定の年齢までと決まった定期型の医療保険と、一生保障が続く終身医療保険があります。

「貯蓄ができるまでの間だけ、安い医療保険で備えたい」という人は、一定期間だけを保障する**定期型の医療保険**や**共済**が向いています。

　一方で、長生きに備えたい人は**終身医療保険**が向いています。終身医療保険料の支払いかたは2種類あり、今支払う保険料を抑えたい人や途中で解約する可能性がある人は、今の入院リスクに対する保険料分だけを支払う終身払いが適しています。その反対に、年金生活になったら保険料を払いたくない人や、一生分の保険料を抑えたい人は、将来の保険料を先に払い込む短期払いが向いています。

　保険会社によって、保障内容も保険料も大きく異なります。加入前には、パンフレットやサイトの商品説明ページなどで比較検討しましょう。

🌱 **終身医療保険の保険料の支払いかたと特徴**

	終身払い	短期払い
メリット	● 短期払いよりも毎回の保険料が安い ● 今の保障にかかる分だけの保険料を支払っているので、途中で解約してもムダが少ない	● 働いて収入があるうちに、保険料の支払いを終えることができる ● 長生きすればするほど、短期払いがトクになる
デメリット	● 年金生活になっても、保険料を払い続ける必要がある ● 一定年齢を過ぎると、総支払保険料は短期払いのほうが安い	● 一生分の保険料を先払いするため、終身払いより毎回の保険料が高い ● 途中で解約する場合は、先払いした保険料相当分がムダになる

例　入院日額5,000円・手術給付金付きの終身医療保険

		終身払い（90歳まで生存と仮定）		短期払い（60歳で払込終了）	
		月払い保険料	保険料の総額	月払い保険料	保険料の総額
30歳	男性	1,300円	94万円	2,300円	83万円
	女性	1,400円	101万円	2,300円	83万円
40歳	男性	1,900円	114万円	4,000円	96万円
	女性	1,600円	96万円	3,600円	86万円
50歳	男性	2,800円	134万円	9,500円	114万円
	女性	2,100円	101万円	8,200円	98万円

医療保険って総額100万円もするんですか!? 「入っていたら安心」じゃなくて、ちゃんと考えなきゃ！

3-5 「働けない」期間をカバーする保険

　医療保険に入っていると、入院している間は給付金が受け取れますが、自宅療養では受け取れません。そこで、入院や自宅療養などの働けない間の収入をカバーする保険として、「**所得補償保険**」や「**就業不能保険**」があります。これらは、「全く働くことができない状態」や「一定の障がいや介護状態」に対して、保険会社から給料のように給付金を受け取る保険です。

　会社員には、傷病手当金や障害年金の上乗せになりますし、自営業者には障害年金を受け取るまでの無収入期間を支える柱として考えることができます。

　ただし、働くことができなくなってから、数日から180日などの支払い対象外の期間（免責期間）があり、保険金を受け取る期間にも上限があります。うつ病などの精神疾患は対象外の保険商品もあるため、必ず詳細を確認しましょう。

▼ 名前が似ているから、加入時には注意しよう

	所得補償保険	就業不能保険	収入保障保険
受け取るとき	働けないとき	働けないとき	死亡・高度障がいになったとき（73ページ参照）
受け取る人	働けない本人	働けない本人	遺族
問い合わせ	損害保険会社	生命保険会社	生命保険会社

3-6 保険に自分を合わせない！　自分の希望に合う保険を見つける！

　医療保険を選ぶときのポイントは、全部で5つです。当てはまるものにチェック☑をしましょう。自分の欲しい保障を明確にした後に、加入している保険とのズレを確認して見直します。

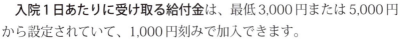

Q1. 入院給付金の日額は？　➡　☑ 5,000円　・　☑ (　　　　) 円

　入院1日あたりに受け取る給付金は、最低3,000円または5,000円から設定されていて、1,000円刻みで加入できます。

　また、**手術給付金**は「なし」、「手術内容に応じて入院日額の5倍・10倍・20倍」、「入院中20倍、外来5倍」などと商品によって異なります。対象となる手術も保険会社によって異なるため、加入前にパンフレットや約款＊で確認しましょう。

＊約款とは、保険会社と契約者の保険契約に関する約束事を取り決めた書類のことです。

Q2. 入院１回あたりの上限日数は？ ➡ ☑60日型 ・ ☑（　　　）日型

　入院給付金の対象となる１回の入院日数の上限は、30日、60日、120日、180日など、商品によっていろんな上限があります。

　たとえば、１入院30日型で50日間入院した場合は、30日分の入院給付金を受け取ることはできますが、31日目からの残り20日分の入院給付金はありません。

　なお、１入院の上限日数が短いものは、「**180日ルール**」に注意が必要です。

　180日ルールとは、「病気の入院が２回続き、１回目の退院と２回目の入院の間が180日以内の場合、２回の入院を１回の入院とみなして給付金を支払う」というものです。46ページの表と全年齢での平均入院日数28日（厚生労働省「2023年患者調査」）を参考に考えましょう。

　また、保険を選ぶときは、「**何日目から給付金が出るのか**」も重要です。「日帰り入院」や「入院１日目」から保障するタイプが中心ですが、最近は入院日数に関係なく、一時金で５万円や10万円などを受け取るタイプも登場しています。

Q3. 保険期間は？ ➡ ☑終身 ・ ☑（　　　）歳まで

　医療保険の期間を一生か（終身医療保険）、一定期間かを選びます。一定期間の場合は更新型が多く、更新のたびに保険料は上がります。共済では、掛金は変わらずに老後の保障内容が減少するタイプが一般的です。

Q4. 保険料の払いかたは？ ➡ ☑月払い ・ ☑半年払い ・ ☑年払い
➡ ☑終身医療保険は終身払い ・ ☑（　　　）歳までに払い終える

　保険料の支払い方法は月払い、半年払い、年払いの中から選びます。年払いのほうが月払いよりも安くなり、月払いか年払いかは契約途中で変更することもできます。クレジットカード払いができる保険会社も増えています。

　また、終身医療保険では保険料の支払期間を終身か、何歳までかを決めます。

Q5. 特約は？ ➡ ☑なし ・ ☑先進医療特約 ・ ☑生活習慣病特約
☑がん特約 ・ ☑女性疾病特約 ・ ☑通院特約 ・ ☑入院一時金特約

　特約は、ベースの入院保障に上乗せするプラスアルファの保障です。特約の保障範囲は限定されています。名前が同じでも対象となる病気や手術の範囲、給付の条件などは、保険会社によって異なることがあります。契約前に、パンフレットや約款で確認しましょう。

　たとえば「先進医療」は、国が認めた高度な医療技術のことですが、健康保険が使えないため、全額自己負担になります。先進医療の６割は30万円未満ですが、がん治療のひとつとして行われる重粒子線治療では平均314万円かかり、一括払いしなければなりません（平均入院日数は約４日）。それに対して、先進医療特約

の最高2,000万円に対する保険料は、一生分で数万円ですから、「もしものときには、医療費の負担を気にせずに先進医療を受けたい」と考える人には、加入する価値があるでしょう。

なお、先進医療は対象となる技術や病院が限られるため、年間の利用者は約18万人です（2023年度）。また、前立腺がんや肝臓がん、子宮頸部腺がんの重粒子線治療のように、効果や安全性が確認されると健康保険の対象になるものもあります。適用前なら約300万円ですが、高額療養費適用後なら自己負担は大きく下がるので、健康保険適用の効果は大きいですね（42ページ参照）。

▼ 特約と保険料の例（終身医療保険、30歳加入、60歳払込終了、入院日額5,000円の場合）

特約	主な内容	例 一生分の特約保険料	換算すると…
先進医療特約	・厚生労働省が、一定の基準を満たす医療機関に認めた医療技術費用（健康保険の適用外）を負担する ・入院日額にかかわらず一定金額を負担するものが多い	約4万円 （月額約110円）	2,000万円まで実費給付
女性疾病特約	・女性特有の病気で入院した場合に入院日額に上乗せ ・手術給付金の上乗せの有無や病気の対象範囲は保険会社によって異なる	約31万円 （月額870円）	入院63日分
通院特約	・退院後120日以内などの一定期間内の通院が対象 ・原則として入院前の通院は保障されない ・1入院に対して最大30日などの上限日数あり	約24万円 （月額680円）	通院49日分

特約をつけるかどうか悩んだときは、特約部分の総支払保険料と給付のバランスで考えます。<u>「一生に支払う特約保険料の総額」を「受け取る給付金」で割ると、何日分の入院に相当する保険料になっているのかがわかります</u>。終身払いの保険は90歳まで払うと仮定して計算してみましょう。

上記の例では、女性疾病特約の総支払保険料は、月額保険料870円×12カ月×30年間で31.3万円です。この総支払保険料を受け取る入院日額5,000円の給付金で割ると、62.6です。つまり、亡くなるまでに女性特有の疾病などで「63日以上入院する可能性がある」と思うのなら女性疾病特約に加入し、「63日も入院しないだろう」と思うのなら、貯蓄で備えるほうが合理的ですね。

> ポイント
> 保険の加入や特約の付加に迷ったら、支払総額を計算する。
> 総額で考えるとソントク感情が働くから「モトがとれるか」「本当に必要か」を冷静に判断できる。

4. がん保険は、入ったほうがいいの？

4-1 がんの不安は、確率を知ることから備える

「2人に1人はがんになる」と聞いて、不安を感じる人は多いようです。実際にがんになるリスク（罹患リスク）と死亡するリスクを、次の表で見てみましょう。

たとえば、現在40歳の男性が50歳までにがんになる確率は1.5%（上段）、がんで死亡する確率は0.3%（下段）、一生の中でがんと診断される確率は63%となっています。このリスクを高いと感じるか、低いと感じるか、そして40ページからお伝えした**高額療養費や傷病手当金、障害年金、93ページの介護保険などの社会保険制度**を含めて、がんへの備えを考えましょう。

🌱 **年齢別がん罹患リスク（上段）と死亡リスク（下段）**

男性

現在の年齢	30歳	40歳	50歳	60歳	70歳	80歳	生涯
20歳	0.3%	0.9%	2.4%	6.9%	19.6%	40.5%	62%
	0.0%	0.1%	0.4%	1.5%	5.2%	13.1%	25%
30歳		0.6%	2.1%	6.7%	19.5%	40.5%	62%
		0.1%	0.4%	1.5%	5.1%	13.1%	25%
40歳			1.5%	6.2%	19.1%	40.4%	63%
			0.3%	1.4%	5.1%	13.1%	25%
50歳				4.8%	18.1%	40.0%	63%
				1.1%	4.9%	13.0%	25%
60歳					14.4%	38.0%	63%
					3.9%	12.4%	25%
70歳						29.4%	60%
						9.4%	24%

女性

現在の年齢	30歳	40歳	50歳	60歳	70歳	80歳	生涯
20歳	0.4%	1.9%	5.8%	11.6%	20.0%	31.4%	49%
	0.0%	0.2%	0.6%	1.7%	3.9%	8.1%	18%
30歳		1.5%	5.4%	11.3%	19.7%	31.1%	49%
		0.1%	0.6%	1.6%	3.9%	8.1%	18%
40歳			3.9%	9.9%	18.5%	30.1%	48%
			0.4%	1.5%	3.8%	8.0%	17%
50歳				6.3%	15.2%	27.4%	46%
				1.1%	3.4%	7.6%	17%
60歳					9.6%	22.8%	43%
					2.3%	6.7%	16%
70歳						14.8%	38%
						4.6%	15%

※数値は四捨五入しています。

出典：国立がん研究センターがん対策情報センター「がん統計」（全国がん登録、罹患リスクは2020年、死亡リスクは2022年）をもとに著者作成

4-2 がん保険の主な保障内容

がん保険は名前のとおり、**がんだけを保障します。**

がん保険には、たとえば「入院1日1万円、手術は20万円」という**入院給付金や手術給付金**、「がんと診断されたら100万円」という**がん診断給付金**、抗がん剤や放射線治療を受けると「月額10万円」などの保障があります。

「がん診断給付金」は、保険会社によって、**がん診断給付金の支給回数が1回のみ**

の商品と複数回の商品があったり、上皮内がん＊でも100％のがん診断給付金が出る商品と出ない商品があります。また、入院しないとがん診断給付金が受け取れない商品と診断だけで受け取れる商品があり、各社の詳細の差が大きいこともがん保険の特徴です。加入前には、必ずパンフレットや約款で保障内容を確認しましょう。

4-3 がんにならなかったときにも使える三大（特定）疾病保障保険

　三大疾病または特定疾病保障保険のベースは、死亡保険です。通常の死亡保険に加えて、「加入から3カ月以降にがんと診断された」「脳卒中で所定の状態になった」「急性心筋梗塞で所定の状態になった」などの3つの特定の病気のときに、生きているうちに保険金を受け取ることができるのが三大（特定）疾病保障保険です。

　生存中に保険金を受け取ると保険は終了し、死亡保険金はなくなりますが、保険金を受け取らずに亡くなった場合は、肺炎でも、交通事故でも、死亡原因を問わず死亡保険金を受け取ることができます。3つの病気のときしか保険金をもらえないと誤解している人が多いので、注意してください。

🌱 三大（特定）疾病保障保険の特徴

三大（特定）疾病保障保険	生存給付金	死亡保険金
がんと診断された・脳卒中・急性心筋梗塞で所定の状態になった	受け取る	生存給付金を受け取ったら死亡保険金はない
三大疾病以外の病気	なし	あり
不慮の事故など	なし	あり

> がん保険はがんには強いけれど、がんにならなかったら給付金はないのか。三大疾病保障保険はがんになったときに受け取れるから、がん保険代わりになるし、がんにならなくても、亡くなったときには遺族が死亡保険金を受け取れるんだね

　がん保険や三大疾病保障保険は、加入から90日間（3カ月）の間にがんと診断されても、保険金を受け取ることができません。見直しの際は、新しいがん保険に加入して3カ月経ってから、古いがん保険を解約するようにしましょう。

　保険を検討していると、病気になった後の保障ばかりに目がいきますが、早期発見が重要です。自治体の検診なども受診して、もしもがんになったときは、全国のがん拠点病院にある「がん相談支援センター」に相談してみてください。

＊上皮内がんとは、上皮細胞と間質細胞を境界する膜を破って浸潤していないがんのことで、切除すれば治るものをいいます。

第3章 死亡保険のキホン

この章のポイントとゴール

1. 死亡保険は、入っていたほうが安心ですよね？

1-1 死亡保険が必要なのは、誰かを養っている人

　生命保険の中で、死亡に対するお金の備えを「死亡保険」といいます。
　死亡保険が必要な人は、誰かを養っている人。誰も養っていない独身者や子どもには、死亡保険はいりません。
　死亡保険が必要かどうかは、家族を養っている人が亡くなった場合を想像して、判断します。
　残された家族の生活費などの「一生分の支出」と、遺族年金などの「一生分の収入」を比べて、「一生分の収入」よりも「一生分の支出」が多いときが保険の出番です。「平均は？」という一般論は捨てて、「自分の場合」を考えましょう。

保険は必要な人が入るモノ。
必要なら高くても加入する。不要なら100円でも解約を。

🌱 収入と支出のバランス

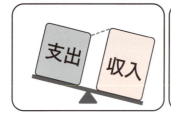
保険は不要

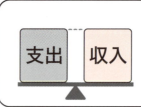

保険が必要

足りない部分を補うのが保険

　なお、誰も養っていない人にも死亡保険が必要な例外があります。
　たとえば、相続税を納めるような資産がある場合。相続税は原則として現金で納めるので、**相続税を払うための資金作りに死亡保険を活用する**ことがあります。
　また、現金に名前を書くことはできませんが、保険は**保険金受取人を指定できるため、残したい人に確実に渡せる**良さがあります。
　保険に加入するときは「**何のために保険に入るのか**」という目的を明確にしておきましょう。

2. 遺族年金は、いくらもらえるんですか？

2-1 もしものときの遺族年金（いぞくねんきん）は簡単にわかる！

死亡保険が気になったら、まずは**国の保障を理解し、その次に職場の保障を確認して、最後に自助努力を考えます**。第2章の医療保険と同じ手順ですね。

わたしたちは、国民年金や厚生年金保険に加入しているおかげで、もしものときには、遺された家族の収入を支える「遺族年金」を残すことができます。

遺族年金の種類と金額は、男女や亡くなった人の職業、家族構成によって異なります。次のページのチャートで確認しましょう。

> 保険って自分が死んだ後のお金の話だから、縁起でもないって思っていました。でも、家族が大事だからこそ、元気なうちに考えなきゃいけないんですね。
> 165ページの家族へのメッセージもちゃんと書こうと思います！

遺族年金や障害年金を受け取るためには、亡くなった人や障がいをもった人の年金加入状況が、原則として「死亡日（障害年金では初診日）の月の前々月までの被保険者期間のうち、保険料納付済期間と保険料免除期間を合算した期間が3分の2以上ある」ことが必要です。

ただし、**死亡日（障害年金では初診日）の前々月までの1年間に滞納していなければ、遺族年金や障害年金を受け取ることができる特例があります**。

遺族年金や障害年金が必要になるのは、もしかしたら明日かもしれません。年金保険料をきちんと納めること、納めるのが難しいときは市区町村に相談すること、そして、請求しなければ受け取れないことを知っておきましょう。

年金の請求先は、年金事務所です。

57

一目でわかる！ 男性が亡くなった場合の遺族年金

会社員・公務員など【国民年金第2号被保険者】

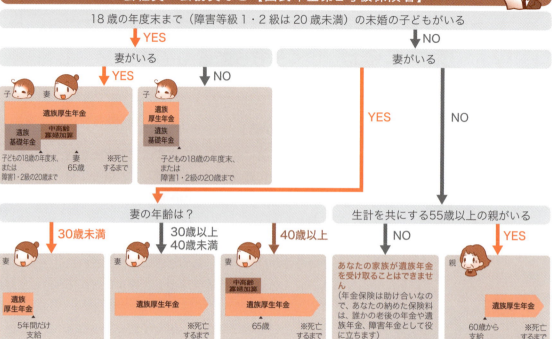

※妻が受け取る65歳以降の遺族厚生年金は、妻自身の老齢厚生年金の額により変動します（60ページ参照）

自営業者【国民年金第1号被保険者】

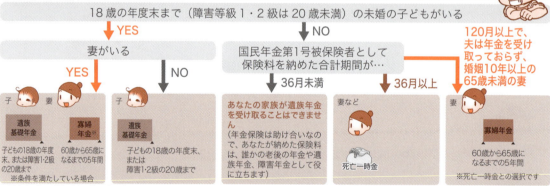

※死亡時に第1号被保険者や第3号被保険者であった場合でも、25年以上厚生年金保険料を納めた場合や、厚生年金加入中に初診日のある傷病で死亡した場合は、遺族厚生年金を受け取ることができる場合があります

専業主夫（会社員などの妻の被扶養配偶者）【国民年金第3号被保険者】

〔実用新案登録第3184870号〕

【お知らせ】このチャートは、もしものときに遺族が受け取ることができる年金の種類を簡単に知ることを目的に作成しています。実際に年金を受け取る際には、保険料の納付要件や障がいの有無などの一定の要件があります。必ず年金事務所にご確認ください。

🌸 一目でわかる！ 女性が亡くなった場合の遺族年金

会社員・公務員など【国民年金第2号被保険者】

18歳の年度末まで（障害等級1・2級は20歳未満）の未婚の子どもがいる

YES ↓　　　　　　　　　　　　　　　　　**NO** ↓

夫がいる　　　　　　　　　　　　　　55歳以上の夫または生計を共にする親がいる

YES ↓　　　　　**NO** ↓　　　　　　　　　**NO** ↓　　　　　　　　　**YES** ↓

遺族厚生年金	遺族厚生年金
遺族基礎年金	遺族基礎年金
子どもの18歳の年度末、または障害1・2級の20歳まで	子どもの18歳の年度末、または障害1・2級の20歳まで

あなたの家族が遺族年金を受け取ることはできません
（年金保険は助け合いなので、あなたの納めた保険料は、誰かの老後の年金や遺族年金、障害年金として役に立ちます）

遺族厚生年金
60歳から　　　　　死亡 支給　　　　　するまで

自営業者【国民年金第1号被保険者】

18歳の年度末まで（障害等級1・2級は20歳未満）の未婚の子どもがいる

YES ↓　　　　　　　　　　　　　　　　　**NO** ↓

夫がいる　　　　　　　　　　　　国民年金第1号被保険者として保険料を納めた合計期間が……

YES ↓　　　　　**NO** ↓　　　　　　　　**36月未満** ↓　　　　　　　　**36月以上** ↓

遺族基礎年金	遺族基礎年金
子どもの18歳の年度末、または障害1・2級の20歳まで	子どもの18歳の年度末、または障害1・2級の20歳まで

あなたの家族が遺族年金を受け取ることはできません
（年金保険は助け合いなので、あなたが納めた保険料は、誰かの老後の年金や遺族年金、障害年金として役に立ちます）

死亡一時金

※死亡時に第1号被保険者や第3号被保険者であった場合でも、25年以上厚生年金保険料を納めた場合や、厚生年金加入中に初診日のある傷病で死亡した場合は、遺族厚生年金を受け取ることができる場合があります

専業主婦（会社員などの夫の被扶養配偶者）【国民年金第3号被保険者】

18歳の年度末まで（障害等級1・2級は20歳未満）の未婚の子どもがいる

YES ↓　　　　　　　　　　　　　　　　　**NO** ↓

遺族基礎年金
子どもの18歳の年度末、または障害1・2級の20歳まで

あなたの家族が遺族年金を受け取ることはできません

〔実用新案登録第3184870号〕

　働く女性の増加や男女の賃金格差の縮小を受け、厚生労働省は遺族年金制度の見直しを検討しています。たとえば、遺族年金を受け取る人の年収要件や男性の受給年齢の撤廃、子の人数による金額差の廃止案などがある一方、60歳未満の子がいない人が受け取る遺族厚生年金は、年金額を増額したうえで、20年以上の時間をかけて原則5年間の有期支給にする案などがあります。

2-2 遺族年金はいくら受け取れるの？

　遺族年金の正確な金額は、年金事務所に問い合わせると教えてくれます。でも、それは大変という人のために、ねんきん定期便を使って自分でできる「遺族厚生年金額のざっくり計算法」をお伝えします。61ページで計算してみましょう。

🌱 遺族年金を受け取るための条件と年金額

①遺族基礎年金の条件と金額

遺族基礎年金を受け取ることができるのは、子、または子のある妻、子のある夫です。

子の条件
■18歳になった年度の3月31日までにある未婚の子
■障害等級1級または2級で20歳未満の未婚の子

残された妻または夫の条件
■原則として年収850万円未満、または所得655.5万円未満
（再婚すると、受け取れなくなります）

🌱 子のある妻または夫が受け取る遺族基礎年金の金額

妻(夫)と子の数	妻(夫)+1人	妻(夫)+2人	妻(夫)+3人
年金額(年額)	約107万円	約131万円	約139万円

※第3子以降は1人につき約8万円が上乗せされます。

🌱 子だけの場合の遺族基礎年金の金額

子の数	1人	2人	3人
年金額(年額)	約83万円	約107万円	約115万円

②遺族厚生年金の条件と金額

遺族厚生年金は、会社員や公務員が亡くなったときに受け取ることができる年金のことです。年金額は、**亡くなった人が本来生きていれば受け取ったであろう老齢厚生年金の4分の3**です。ただし、厚生年金に加入していた期間が25年（300月）未満の場合は、別の計算式で求めます（61ページ参照）。

なお、遺族厚生年金を受け取っている人が65歳になり、自分自身の老齢厚生年金を受け取る場合は、自分の老齢厚生年金を全額受け取り、その老齢厚生年金に相当する遺族厚生年金の額が支給停止になります（簡単にいうと、65歳以降は「遺族厚生年金」と自分の「老齢厚生年金」の"高いほうの金額"を受け取ります）。

例1　妻自身の老齢厚生年金額よりも、夫の遺族厚生年金額が多い場合は、優先して妻自身の老齢厚生年金を受け取り、差額を遺族厚生年金から受け取ります。
遺族厚生年金40万円 → 遺族厚生年金10万円／老齢厚生年金30万円／老齢基礎年金83万円　妻65歳

例2　夫の遺族厚生年金額よりも、妻自身の老齢厚生年金額が多い場合は、妻は自分の老齢厚生年金を全額受け取ります（夫の遺族厚生年金は停止）。
遺族厚生年金40万円 → 老齢厚生年金60万円／老齢基礎年金83万円　妻65歳

③中高齢寡婦加算の条件と金額

中高齢寡婦加算は、会社員や公務員の夫が亡くなった場合に「40歳以上65歳未満で、子がいない妻」または「遺族厚生年金と遺族基礎年金を受けており、遺族基礎年金を受給できなくなったときに40歳以上65歳未満の子のある妻」のいずれかに当てはまる場合に受け取ることができる年金のことです。**年間約62万円を65歳になるまで**受け取ることができます。

④死亡一時金の条件と金額

死亡一時金は、自営業者などの国民年金の第1号被保険者として3年（36月）以上国民年金保険料を納付した人が、いずれの年金も受け取らずに死亡した場合に支給される給付のことです。

🌱 死亡一時金（定額：1回だけ）

保険料納付期間	36月以上180月未満	180月以上240月未満	240月以上300月未満	300月以上360月未満	360月以上420月未満	420月以上
金額	12万円	14.5万円	17万円	22万円	27万円	32万円

⑤寡婦年金の条件と金額

寡婦年金は、国民年金の第1号被保険者としてのみで10年以上国民年金保険料を納付した夫が、なんの年金も受け取らずに死亡した場合に、結婚して10年以上経っている妻が60～65歳まで受け取ることができる年金のことです。年金額は、夫が本来生きていたら受け取ったであろう老齢基礎年金の4分の3で、平均額は約45万円（年額）です（厚生労働省「2020年遺族年金受給者実態調査」より）。死亡一時金との選択です。

49歳以下の人向け「ねんきん定期便」を使った、遺族厚生年金額のざっくり計算法

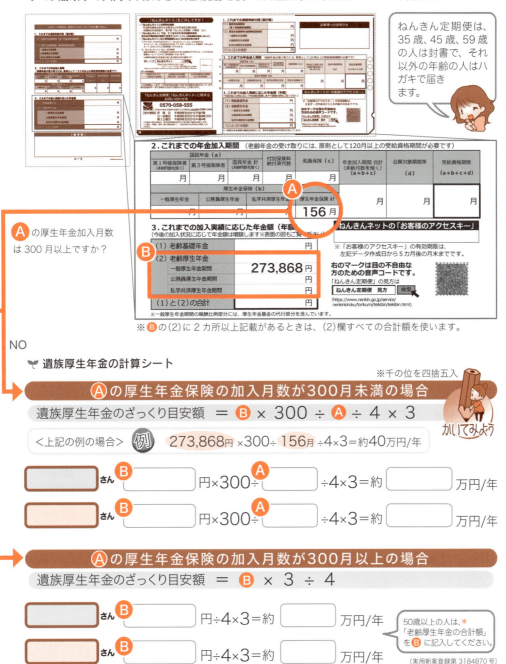

「ねんきん定期便」は、**スマホの「マイナポータル」アプリから、マイナンバーカードを使ってねんきんネットと連携すると、ダウンロードできます。**

マイナンバーカードがない人は、子育て世帯の遺族厚生年金の額を40万円と仮定してみましょう。「月40万円ですか？」と質問されることが多いのですが、「年金」はその名前のとおり「1年あたりの金額（年額）」ですよ。

＊ 50歳以上の人の「ねんきん定期便」に記載された老齢厚生年金額は、現在の収入のまま60歳まで働いた場合の金額です。60歳までの期間が長い人ほど、実際の遺族厚生年金額は上記の試算結果よりも下がります。

我が家の遺族年金記入シート

我が家の遺族年金はどうなるの？

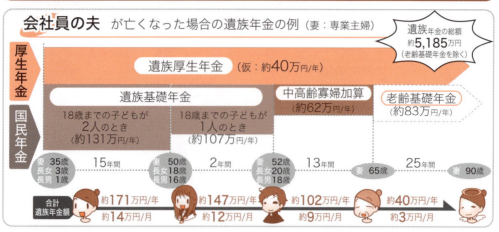

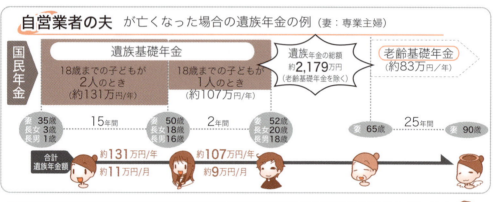

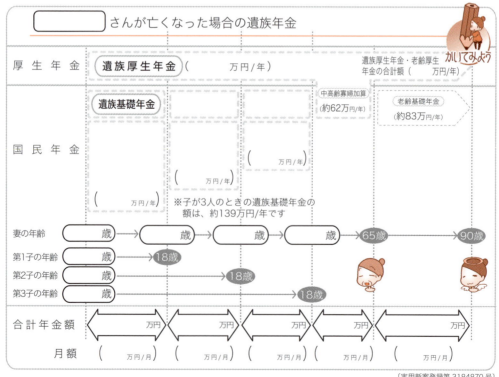

〔実用新案登録第 3184870 号〕

3. 必要な死亡保険って、いくらなの？

3-1 計算シートで保険がいるか、いらないかがすぐわかる！

　ここからは、もしものことが起こった場合に「死亡保険が必要か不要か」、「必要なら、いくら必要なのか」を計算します。この必要な死亡保険金額のことを「**必要保障額**」といいます。

　必要保障額は、残された妻（夫）は平均余命まで、子どもは23歳で就職するまで一緒に生活すると仮定して計算します。本来の平均余命は、年齢ごとに人生の残り平均年数を見るものですが、今回はざっくりと男性は85歳、女性は90歳まで生きるとして計算します。また、旅行などの楽しみのための費用は、女性の健康寿命である75歳を目安にしました。

　必要保障額の計算に大事なものは、「**想像力**」です。

　楽しい想像ではありませんが、「もしも」のときに困らないためにシビアに考える必要があります。たとえば、「もしもパパが亡くなったら、子どもと実家に帰るから、生活費をいくら親に渡そうか」や「夫がいなくなったら車はいらないな」、「もしものときには、わたしがたくさん働く！」など、具体的に想像してみてください。

残された家族の収支はこんなに変わる

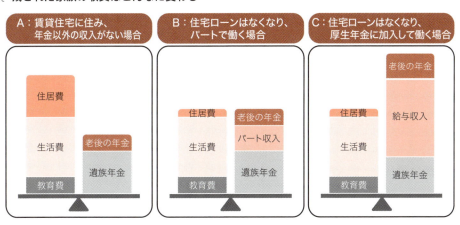

　64ページと66ページには、会社員の夫が死亡して、35歳の妻と3歳と1歳の子どもが生活する家族の例を載せました。記入例を参考にして書いていきましょう。

必要保障額記入シート見本 〈妻35歳、子ども3歳と1歳の記入例〉

一生分の支出予定

※千の位を四捨五入

❶ 一生分の支出予定を立てるにあたって妻の平均余命を書きましょう

90歳 − 妻の年齢 35 歳 = 妻の平均余命 55 年　（2重枠に同じ数字を入れてね。）

❶ もしも夫が亡くなった場合の住居費はいくらになりますか？ ➡ 合計 **4,620** 万円　（ⒶまたはⒷまたはⒸ）

- Ⓐ 賃貸住宅
  - → 家賃 7 万円×12カ月×妻の平均余命 55 年 = 4,620 万円 Ⓐ
- Ⓑ 夫がローン返済中のマイホーム（団体信用生命保険に加入ずみ）
  - → 妻の住宅ローン ＿ 万円/月×12カ月×残り年数 ＿ 年 = ＿ 万円
  - （マンションの管理費と修繕積立金の合計 ＿ 万円/月×12カ月
  - ＋固定資産税 ＿ 万円）×妻の平均余命 ＿ 年 = ＿ 万円 ＿ 万円 Ⓑ
- Ⓒ 妻の実家
  - → 当面の住居費はゼロ。将来のリフォーム費用などはⒽに記入してください

❷ もしも夫が亡くなった場合の生活費はいくらになりますか？ ➡ 合計 **7,392** 万円　（Ⓓ＋Ⓔ）

- Ⓓ 養育する子どもがいる場合
  - →（末子23歳−末子の今の年齢 1 歳）×子どもがいるときの1カ月の生活費 13 万円
  - ×12カ月 = 3,432 万円 Ⓓ

  （12ページを参考に、夫が亡くなった場合のおこづかいや携帯代などを差し引いて考えます。）

- Ⓔ 子どもが就職した後の妻1人の場合
  - →（妻の平均余命 55 年−末子23歳＋末子の今の年齢 1 歳）
  - ×妻1人で生活するときの1カ月の生活費 10 万円×12カ月 = 3,960 万円 Ⓔ

  ※養育する子どもがいない場合は、Ⓔの妻の平均余命に生活費を掛けて記入してください

❸ 教育費はいくらになりますか？ ➡ 合計 **2,224** 万円

※上記の金額は、幼保無償化後は3年間12万円／年、長男は無償化までの2年間24万円／年、小学校から高校は公立、大学は私立文系と理系に進学予定で計算した場合の2人分

116ページ参照

❹ その他支出にかかるお金はいくらになりますか？ ➡ 合計 **3,000** 万円　（Ⓕ＋Ⓖ＋Ⓗ＋Ⓘ）

- Ⓕ 車の買い替え
  - → 車体価格 150 万円×買い替え回数 2 回 = 300 万円 Ⓕ

  13、18ページ参照

- Ⓖ 旅行・レジャー・趣味・車の維持費などのお金
  - →（75歳−妻の今の年齢 35 歳）× 40 万円／年 = 1,600 万円 Ⓖ
- Ⓗ その他
  - 子どもの結婚祝い⃝・家具&家電・リフォーム・（　　） 100 万円× 2 回 = 200 万円
  - 子どもの結婚祝い・家具&家電⃝・リフォーム・（　　） 150 万円× 4 回 = 600 万円 Ⓗ
  - 子どもの結婚祝い・家具&家電・リフォーム・（　　） ＿ 万円× ＿ 回 = ＿ 万円
- Ⓘ お葬式
  - → 夫 200 万円＋妻（90歳で死亡） 100 万円 = 300 万円 Ⓘ

  夫婦2人分を記入します。お葬式の平均費用は **約200万円**、家族葬の目安は **50万～100万円** です

❺ ❶〜❹の合計金額 ➡ **17,236** 万円 （66ページに記入）

これでおおよその *アナタの一生分の支出* が、算出されました

次は*アナタの一生分の収入*を
算出しましょう！

〔実用新案登録第 3184870 号〕

64

🌱 夫が亡くなった場合の必要保障額記入シート

一生分の支出予定

🍎 ❶ 一生分の支出予定を立てるにあたって妻の平均余命を書きましょう
※千の位を四捨五入

90歳 − 妻の年齢 [　　] 歳 ＝ 妻の平均余命 [　　] 年　　2重枠に同じ数字を入れてね。

🍎 ❶ もしも夫が亡くなった場合の住居費はいくらになりますか？ ➡ 合計 [　　] 万円 （AまたはBまたはC）

- **A** 賃貸住宅
  → 家賃 [　　] 万円×12カ月×妻の平均余命 [　　] 年 ＝ [　　] 万円　**A**
- **B** 夫がローン返済中のマイホーム（団体信用生命保険に加入ずみ）
  → 妻の住宅ローン [　　] 万円/月×12カ月×残り年数 [　　] 年 ＝ [　　] 万円
  （マンションの管理費と修繕積立金の合計 [　　] 万円/月×12カ月
  ＋固定資産税 [　　] 万円）×妻の平均余命 [　　] 年 ＝ [　　] 万円　　[　　] 万円 **B**
- **C** 妻の実家
  → 当面の住居費はゼロ。将来のリフォーム費用などは**H**に記入してください

🍎 ❷ もしも夫が亡くなった場合の生活費はいくらになりますか？ ➡ 合計 [　　] 万円 （D+E）

- **D** 養育する子どもがいる場合
  → （末子23歳−末子の今の年齢 [　　] 歳）×子どもがいるときの1カ月の生活費 [　　] 万円
  ×12カ月 ＝ [　　] 万円 **D**
- **E** 子どもが就職した後の妻1人の場合
  → （妻の平均余命 [　　] 年−末子23歳＋末子の今の年齢 [　　] 歳）
  ×妻1人で生活するときの1カ月の生活費 [　　] 万円×12カ月 ＝ [　　] 万円 **E**

  ※養育する子どもがいない場合は、**E**の妻の平均余命に生活費を掛けて記入してください

12ページを参考に、夫が亡くなった場合のおこづかいや携帯代などを差し引いて考えます。

🍎 ❸ 教育費はいくらになりますか？ ➡ 合計 [　　] 万円

※11ページの進学予定にそったこれからの教育費の合計金額を記入します

116ページ参照

🍎 ❹ その他支出にかかるお金はいくらになりますか？ ➡ 合計 [　　] 万円 （F+G+H+I）

- **F** 車の買い替え
  → 車体価格 [　　] 万円×買い替え回数 [　　] 回 ＝ [　　] 万円 **F**

13、18ページ参照

- **G** 旅行・レジャー・趣味・車の維持費などのお金
  → （75歳−妻の今の年齢 [　　] 歳）× [　　] 万円/年 ＝ [　　] 万円 **G**
- **H** その他

子どもの結婚祝い ・ 家具＆家電 ・ リフォーム ・（　　）	[　　]万円×[　　]回＝[　　]万円
子どもの結婚祝い ・ 家具＆家電 ・ リフォーム ・（　　）	[　　]万円×[　　]回＝[　　]万円
子どもの結婚祝い ・ 家具＆家電 ・ リフォーム ・（　　）	[　　]万円×[　　]回＝[　　]万円

  H

- **I** お葬式
  → 夫 [　　] 万円＋妻（90歳で死亡）[　　] 万円 ＝ [　　] 万円 **I**

  夫婦2人分を記入します。お葬式の平均費用は **約200万円**、家族葬の目安は **50万〜100万円** です

🍎 ❺ ❶〜❹の合計金額 ➡ [　　] 万円 （67ページに記入）

これでおおよその **アナタの一生分の支出** が、算出されました

次はアナタの一生分の収入を算出しましょう！

〔実用新案登録第 3184870 号〕

🌱 必要保障額記入シート見本 〈妻35歳、子ども3歳と1歳の記入例〉

一生分の収入予定

⑥ 妻が65歳になるまでの遺族年金はいくらになりますか？ ➡ （Ⓙ＋Ⓚ＋Ⓛ＋Ⓜ） **4,185** 万円
※千の位を四捨五入

Ⓙ 遺族基礎年金
➡ 妻と子が3人のとき 139 万円×上の子が18歳になるまでの期間 ▢ 年＝ ▢ 万円
妻と子が2人のとき 131 万円×上の子が18歳になるまでの期間 15 年＝ 1,965 万円 ┃ **2,179** 万円 Ⓙ
妻と子が1人のとき 107 万円×子が18歳になるまでの期間 2 年＝ 214 万円

Ⓚ 遺族厚生年金（妻65歳まで）
➡ （65歳－妻の今の年齢 35 歳）×61ページの金額 40 万円＝ 1,200 万円 Ⓚ
※わからない場合は仮で40万円と記入、子どものいない20代の妻は5年間で計算します

Ⓛ 中高齢寡婦加算
➡ （65歳－末子が18歳になったときの妻の年齢 52 歳）×62万円＝ 806 万円 Ⓛ
※40歳以上で夫の死亡時に18歳までの「子」がいない妻は、夫の死亡時の妻の年齢を記入します

> 子だけの遺族基礎年金や死亡一時金、寡婦年金の金額は **60ページ参照**

Ⓜ 死亡一時金・寡婦年金（子がいない第1号被保険者のみ記入）
➡ 死亡一時金 ▢ 万円、または、寡婦年金 ▢ 万円×5年間（60～65歳）を選択＝ ▢ 万円 Ⓜ

⑦ 夫の死亡退職金や会社独自の給付はいくらになりますか？ ➡ **200** 万円

> 70ページの ミニ知識参照

給与明細に記載されている会社もありますが、わからない場合は
勤続10年で0～200万円・勤続20年で0～800万円を参考に見積もりましょう

⑧ 妻が働いたら収入はいくらになりますか？ ➡ 合計 **9,600** 万円

（妻の退職年齢 65 歳－妻の今の年齢 35 歳）×妻の手取収入の平均額 320 万円／年
＋退職金 0 万円＝ 9,600 万円

⑨ 妻の65歳からの年金はいくらになりますか？ ➡ **3,600** 万円

> 89ページで計算する老後の年金手取額を使いましょう。

年金手取額 144 万円×65歳から平均余命までの年数25 年 ＝ 3,600 万円
※「妻自身の老齢厚生年金額」と「夫の遺族厚生年金額」のどちらか多い金額に妻の老齢基礎年金約83万円／年を足した金額と仮定します。
わからないときは、夫の遺族厚生年金額と83万円の合計額、または平均受給額約120万円とします。年金手取額の目安は「額面金額×0.9」です

⑩ 現在の貯蓄はいくらになりますか？

380 万円

> 今すでに、夫が加入している死亡保険は収入には含みません。

⑪ その他の収入 児童手当や自宅の売却・賃貸収入の予想額などの総額 ➡ **396** 万円

⑫ ⑥〜⑪の合計金額 ➡ **18,361** 万円

これでおおよその*アナタの一生分の収入*が、算出されました
ここまでの計算をもとに
アナタの一生に必要な保障額
を割り出します

夫に必要な死亡保険の金額

一生分の収入		一生分の支出		もしものときの収支	
⑫ **18,361** 万円	－	⑤ **17,236** 万円	＝	プラス／マイナス	**1,125** 万円
		（64ページより記入）			

プラスの人は ひとまず安心♪ 死亡保険の必要性は低いでしょう

マイナスの人は もしものときのために、足りない金額を保障する保険を検討しましょう

〔実用新案登録第3184870号〕

66

🌱 夫が亡くなった場合の必要保障額記入シート

一生分の収入予定

⑥ 妻が65歳になるまでの遺族年金はいくらになりますか？　➡ (J+K+L+M) □万円
　　※千の位を四捨五入

- **J** 遺族基礎年金
  - ➡ 妻と子が3人のとき 139万円×上の子が18歳になるまでの期間□年=□万円
  - 妻と子が2人のとき 131万円×上の子が18歳になるまでの期間□年=□万円
  - 妻と子が1人のとき 107万円×子が18歳になるまでの期間□年=□万円
  - } □万円 J

- **K** 遺族厚生年金
  - ➡ (65歳－妻の今の年齢□歳)×61ページの金額□万円=□万円 K
  - ※わからない場合は仮で40万円と記入、子どものいない20代の妻は5年間で計算します

- **L** 中高齢寡婦加算
  - ➡ (65歳－末子が18歳になったときの妻の年齢□歳)×62万円=□万円 L
  - ※40歳以上で夫の死亡時に18歳までの「子」がいない妻は、夫の死亡時の妻の年齢を記入します

- **M** 死亡一時金・寡婦年金（子がいない第1号被保険者のみ記入）
  - ➡ 死亡一時金□万円、または、寡婦年金□万円×5年間（60～65歳）を選択=□万円 M

　子だけの遺族基礎年金や死亡一時金、寡婦年金の金額は **60ページ参照**

⑦ 夫の死亡退職金や会社独自の給付はいくらになりますか？　➡ □万円
　70ページのミニ知識参照
　給与明細に記載されている会社もありますが、わからない場合は
　勤続10年で0～200万円・勤続20年で0～800万円を参考に見積もりましょう

⑧ 妻が働いたら収入はいくらになりますか？　➡ 合計□万円
　（妻の退職年齢□歳－妻の今の年齢□歳）×妻の手取年収の平均額□万円/年
　＋退職金□万円=□万円

⑨ 妻の65歳からの年金はいくらになりますか？　➡ □万円
　年金手取額□万円×65歳から平均余命までの年数 25年 =□万円
　※「妻自身の老齢厚生年金額」と「夫の遺族厚生年金額」のどちらか多い金額に妻の老齢基礎年金約83万円/年を足した金額と仮定します。
　わからないときは、夫の遺族厚生年金額と83万円の合計額、または平均受給額約120万円とします。年金手取額の目安「額面金額×0.9」です
　89ページで計算する老後の年金手取額を使いましょう。

⑩ 現在の貯蓄はいくらになりますか？
　□万円
　今すでに、夫が加入している死亡保険は収入には含みません。

⑪ その他の収入　児童手当や自宅の売却・賃貸収入の予想額などの総額　➡ □万円

⑫ ⑥～⑪の合計金額 ➡ □万円

これでおおよその**アナタの一生分の収入**が、算出されました

ここまでの計算をもとに
アナタの一生に必要な保障額
を割り出します

夫に必要な死亡保険の金額

一生分の収入	－	一生分の支出	＝	もしものときの収支	プラス／マイナス	万円
⑫ □万円		⑤ □万円				
		(65ページより記入)				

- **プラスの人は** ひとまず安心♪　死亡保険の必要性は低いでしょう
- **マイナスの人は** もしものときのために足りない金額を保障する保険を検討しましょう

〔実用新案登録第3184870号〕

🌱 妻が亡くなった場合の必要保障額記入シート

一生分の支出予定

※千の位を四捨五入

0 一生分の支出予定を立てるにあたって夫の平均余命を書きましょう

85歳 － 夫の年齢 ☐ 歳 ＝ 夫の平均余命 ☐ 年 ← 2重枠に同じ数字を入れてね。

1 もしも妻が亡くなった場合の住居費はいくらになりますか？ ➡ 合計 ☐ 万円 (A または B または C)

- **A** 賃貸住宅
  → 家賃 ☐ 万円 × 12カ月 × 夫の平均余命 ☐ 年 ＝ ☐ 万円 **A**
- **B** 妻がローン返済中のマイホーム（団体信用生命保険に加入ずみ）
  → 夫の住宅ローン ☐ 万円/月 × 12カ月 × 残り年数 ☐ 年 ＝ ☐ 万円
  （マンションの管理費と修繕積立金の合計 ☐ 万円/月 × 12カ月
  ＋固定資産税 ☐ 万円）× 夫の平均余命 ☐ 年 ＝ ☐ 万円 ＝ ☐ 万円 **B**
- **C** 夫の実家
  → 当面の住居費はゼロ。将来のリフォーム費用などは **H** に記入してください

2 もしも妻が亡くなった場合の生活費はいくらになりますか？ ➡ 合計 ☐ 万円 (D＋E)

- **D** 養育する子どもがいる場合
  →（末子23歳 － 末子の今の年齢 ☐ 歳）× 子どもがいるときの1カ月の生活費 ☐ 万円
  × 12カ月 ＝ ☐ 万円 **D**
- **E** 子どもが就職した後の夫1人の場合
  →（夫の平均余命 ☐ 年 － 末子23歳 ＋ 末子の今の年齢 ☐ 歳）
  × 夫1人で生活するときの1カ月の生活費 ☐ 万円 × 12カ月 ＝ ☐ 万円 **E**
  ※養育する子どもがいない場合は、**E** の夫の平均余命に生活費を掛けて記入してください

> 12ページを参考に、妻が亡くなった場合のおこづかいや携帯代などを差し引いて考えます。

3 教育費はいくらになりますか？ ➡ 合計 ☐ 万円

※11ページの進学予定にそったこれからの教育費の合計金額を記入します

116ページ参照

4 その他支出にかかるお金はいくらになりますか？ ➡ 合計 ☐ 万円 (F＋G＋H＋I)

- **F** 車の買い替え
  → 車体価格 ☐ 万円 × 買い替え回数 ☐ 回 ＝ ☐ 万円 **F**
- **G** 旅行・レジャー・趣味・車の維持費などのお金
  →（75歳 － 夫の今の年齢 ☐ 歳）× ☐ 万円/年 ＝ ☐ 万円 **G**
- **H** その他
  → 子どもの結婚祝い・家具＆家電・リフォーム・(☐) ☐ 万円 × ☐ 回 ＝ ☐ 万円
  　子どもの結婚祝い・家具＆家電・リフォーム・(☐) ☐ 万円 × ☐ 回 ＝ ☐ 万円
  　子どもの結婚祝い・家具＆家電・リフォーム・(☐) ☐ 万円 × ☐ 回 ＝ ☐ 万円 **H**
- **I** お葬式
  → 妻 ☐ 万円 ＋ 夫（85歳で死亡） ☐ 万円 ＝ ☐ 万円 **I**
  夫婦2人分を記入します。お葬式の平均費用は **約200万円**、家族葬の目安は **50万～100万円** です

13、18ページ参照

5 ①～④の合計金額 ➡ ☐ 万円 （69ページに記入）

これでおおよその **アナタの一生分の支出** が、算出されました

次はアナタの一生分の収入を算出しましょう！

〔実用新案登録第 3184870 号〕

🌱 妻が亡くなった場合の必要保障額記入シート

一生分の収入予定

⑥ 夫が65歳になるまでの遺族年金はいくらになりますか？ ➡ (J+K+L+M) [　　　]万円
※千の位を四捨五入

- **J** 遺族基礎年金
  - 夫と子が3人のとき 139万円×上の子が18歳になるまでの期間[　　]年=[　　]万円
  - 夫と子が2人のとき 131万円×上の子が18歳になるまでの期間[　　]年=[　　]万円
  - 夫と子が1人のとき 107万円×子が18歳になるまでの期間[　　]年=[　　]万円
  } [　　]万円 **J**

- **K** 子がいる場合の遺族厚生年金
  - (18歳－末子の今の年齢[　　]歳)×61ページの金額[　　]万円=[　　]万円 **K**
  ※わからない場合は仮で40万円と記入します

  子だけの遺族基礎年金や死亡一時金の金額は**60ページ参照**

- **L** 会社員等の妻が死亡したときに55歳以上だった夫が受け取る遺族厚生年金
  - 61ページの金額[　　]万円×5年 **L**

- **M** 死亡一時金（子がいない第1号被保険者のみ記入）
  - 死亡一時金[　　]万円 **M**

⑦ 妻の死亡退職金や会社独自の給付はいくらになりますか？ ➡ [　　]万円

給与明細に記載されている会社もありますが、わからない場合は
勤続10年で0～200万円・勤続20年で0～800万円を参考に見積もりましょう

70ページのミニ知識参照

⑧ 夫が働いたら収入はいくらになりますか？ ➡ 合計[　　]万円

(夫の退職年齢[　　]歳－夫の今の年齢[　　]歳)×夫の手取年収の平均額[　　]万円/年
+退職金[　　]万円=[　　]万円

⑨ 夫の65歳からの年金はいくらになりますか？ ➡ [　　]万円

年金手取額[　　]万円×65歳から平均余命までの年数20年＝[　　]万円
※「夫自身の老齢厚生年金額」と「妻の遺族厚生年金額」のどちらか多い金額に夫の老齢基礎年金約83万円／年を足した金額と仮定します。わからないときは、妻の遺族厚生年金額と83万円の合計額、または平均受給額約200万円とします。年金手取額の目安は「額面金額×0.9」です

89ページで計算する老後の年金額を使いましょう。

⑩ 現在の貯蓄はいくらになりますか？

[　　]万円

今すでに、妻が加入している死亡保険は収入には含みません。

⑪ その他の収入 児童手当や自宅の売却・賃貸収入の予想額などの総額 ➡ [　　]万円

⑫ ⑥～⑪の合計金額 ➡ [　　]万円

これでおおよその**アナタの一生分の収入**が、算出されました

ここまでの計算をもとに
アナタの一生に必要な保障額
を割り出します

妻に必要な死亡保険の金額

| 一生分の収入 ⑫ [　　]万円 | － | 一生分の支出 ⑤ [　　]万円 (68ページより記入) | ＝ | もしものときの収支 プラス/マイナス [　　]万円 |

- **プラスの人は** ひとまず安心♪ 死亡保険の必要性は低いでしょう
- **マイナスの人は** もしものときのために足りない金額を保障する保険を検討しましょう

（実用新案登録第 3184870 号）

たくさんの記入と計算、お疲れ様でした。

　「一生分の収入」と「一生分の支出」から「必要保障額」を計算して、一生分の収入のほうが多い人は、ひとまず安心です。

　一生分の支出のほうが多かった人は、すでに加入している保険を確認して、足りない金額分だけ保険で補いましょう。

大企業には、国の遺族年金とは別に遺児育英年金などのサポート制度があることも。66ページの記入例の夫が下の表のA社で働いているとすると総額1,940万円、B社なら3,840万円を受け取ることができます。収入が増えると必要保障額が減り、保険料も見直せるため、勤務先に確認してみましょう。

▼ 企業独自のサポートの例

A株式会社	配偶者	●一時金で400万円
	子	●18歳までの子が1人のとき50万円、2人以上のときは100万円の一時金 ●22歳の年度末まで子1人につき3万円／月
B株式会社	配偶者	●8万円／月（勤続10年以上で死亡した人が生存していれば定年に達するまでの期間）
	子	●高校卒業まで子1人につき3万円／月、（子が大学在学中は22歳の年度末まで）

3-2 足りないお金は総額と年単位のダブルでチェック

　ここまでで、「一生分の収入」と「一生分の支出」から計算した「必要保障額」はわかりましたが、将来の退職金や老後の年金などは、今すぐもらえるお金ではありません。そこで念のため、<u>「1年単位で収入に不足がないか」も確認</u>しましょう。

　右ページの例は64ページ、66ページの必要保障額記入シートの例をもとに、年間収支を計算したものです。支出合計と収入合計を差し引きすると、1年間で121万円のプラスです。

　このように、**遺族年金と共働きの強みが活かせると、死亡保険の必要性が下がります**。65〜69ページの必要保障額記入シートを見ながら、あなたの場合の「もしものときの年間収支記入シート」で確認しましょう。

死亡保険の必要性は、住居費と働きかたで大きく変わる！
必要な金額だけを保険で補おう。

もしものときの年間収支記入シート

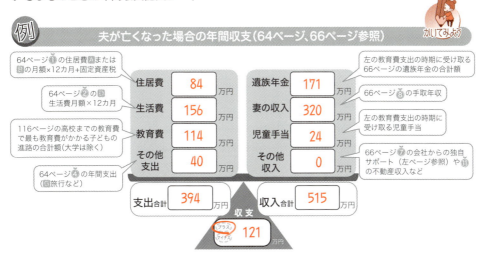

64～69ページの記入シートの住居費や生活費は1カ月単位だったけど、今度は1年単位で想像するのね。
教育費は子どもが中学生・高校生になったときの進路を想像して、116ページを見て計算してみます。

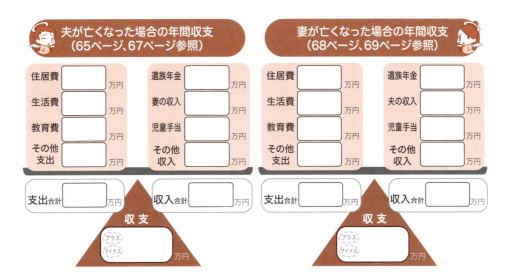

　年間収支がプラスのときは、死亡保険がなくてもなんとかなりそうです。年間収支がマイナスのときは、不足額を12で割って、1カ月の不足額を計算します。たとえば、不足額が年に60万円なら月額5万円です。この金額を収入保障保険（73ページ参照）でカバーすることを検討しましょう。

4. 死亡保険は、どれがいいの？

4-1 死亡保険は4種類から選ぶ

まずは、死亡保険の基本の3種類から見ていきましょう。
ここでは死亡だけとしていますが、正確には死亡保険金は、死亡だけでなく両目の視力を永久に失うなどの高度障がい状態でも受け取ることができます。

保険の3つの形と保険料の例

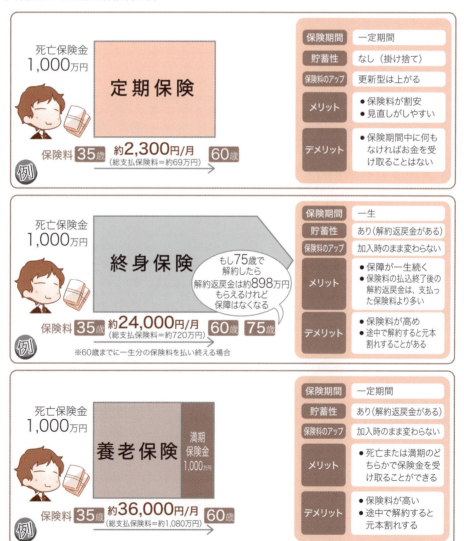

ひとつめは、一定期間だけを保障する**「定期保険」**、2つめは、亡くなるまで保障が続く**「終身保険」**、3つめは、保険期間内に死亡した場合は死亡保険金が受け取れ、満期まで生きている場合は満期保険金が受け取れる**「養老保険」**です。

養老保険は、低金利時代に加入するメリットが少ないため、**「保障は一定期間だけでいいから、保険料を安くしたい」という人は定期保険、「一生の保障が欲しい」という人は終身保険**がいいでしょう。

> 保険の種類によってこんなに保険料がちがうなんて！
> 単純に保険料が高いとか安いとか比べられないですね。

ところで、一度計算した必要保障額は、10年後も20年後もずっと同じ金額なのでしょうか？

たとえば子どもが0歳のときにパパが亡くなったら、生活費も教育費もとお金がかかるため、保険で準備する金額は大きくなります。でも、子どもが20歳のときに亡くなった場合は、教育費の終わりも近づいていますし、子どももアルバイトができる年齢ですし、奨学金の利用もできるから、保険で準備する金額は少なくなります。

つまり、**必要保障額は、一番下の子どもが生まれたときがピークで、子どもの成長とともに減っていく**のです。

子どもの成長と必要保障額の考えかた

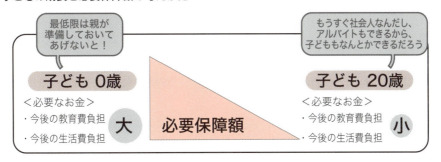

その考えに合わせて、時間の経過とともに保険金の受取総額が少なくなるのが、**「収入保障保険」**です（保険会社によっては名前が異なることもあります）。

収入保障保険は、死亡保険金をまとめて受け取るのではなく、給料のように毎月、あるいは毎年受け取ります。保険期間が決まっているのは定期保険と同じですが、小分けにして保険金を受け取る分、定期保険よりも収入保障保険の保険料のほうが割安です。

毎月の保険金額は、71ページで計算した毎月の不足額を目安に決めましょう。

第3章　死亡保険

収入保障保険の形と保険料の例

「掛け捨ての保険はもったいない」という言葉も耳にしますが、将来の貯蓄性を期待して終身保険に加入したけれど、保険料の負担で今の生活が苦しいのでは本末転倒です。

そんなときは、ひとつの保険だけで考えず、「組み合わせる」ことを検討しましょう。組み合わせには、2つの方法があります。

まずは、「保険同士を組み合わせる」方法です。いわゆるお葬式代となる最低限の「終身保険」に、子どもが成長するまでの一定期間、手厚い保障の掛け捨て保険を組み合わせた例が下の図の左側です。この方法が向いているのは、「保険料は抑えたいけれど、保障がなくなるのはイヤ」という人です。

もうひとつは、「保険と貯蓄を組み合わせる」という方法です。必要保障額は、保険料が安い掛け捨ての保険でカバーして、保障期間が終わった後のお葬式代は、その間の貯蓄で備えた例が下の図の右側です。この方法が向いているのは、「保険料はできるだけ安く抑えて、貯蓄を増やしたい」という人です。この方法を選ぶときは、60歳になったときに、「保障もないけど、貯蓄もない」、ということにならないように、先取り貯蓄を実践しましょう。

終身保険と収入保障保険の組み合わせと保険料の例

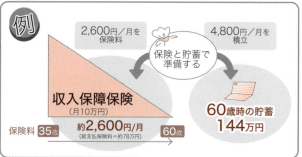

＊収入保障保険の保険期間満了直前に亡くなった場合、あらかじめ「最低支払保証期間」として設定した期間（2年や5年など）は、保険金を受け取ることができます。

4-2 自分に合った、死亡保険の選びかたと見直し方法

必要保障額と必要な保険の種類がわかったら、最後は保険の見直しです。死亡保険を選ぶときのポイントは3つです。当てはまるものにチェック☑をしましょう。

Q1. 保険期間は？ ➡ ☑一生 ・ ☑（　　）歳まで

必要な死亡保険の期間が、一生なのか（終身保険）、それとも何歳までなのか（定期保険・収入保障保険）を決めます。

Q2. 保険金額は？ ➡ ☑一生同じ ・ ☑一定期間同じ ・ ☑毎月同じ

一生同じ保険金額が必要なら終身保険、一定期間同じ保険金額が必要なら定期保険、毎月給料のように受け取りたいのなら収入保障保険を選びます。

Q3. 保険料の払いかたは？ ➡ ☑月払い ・ ☑半年払い ・ ☑年払い

保険料の支払いかたは月払い、半年払い、年払いの中から選びます。保険料は月払いよりも年払いのほうが安く、月払い、年払いは契約途中で変更することもできます。クレジットカード払いができる保険会社も増えています。

終身保険には終身払いと短期払いがありますが、保険料の支払いは60歳や65歳までというように、期限を決めて払う方法が一般的です。

希望する死亡保険のタイプが決まったら、次ページの「保険の見直し記入シート」で見直しを行いましょう。

「希望どおりにしたら保険料が高くて払えない」場合は、74ページを参考にして、終身保険の一部を定期保険や収入保障保険に振り替えて、再検討してみましょう。

また、もしかしたら必要保障額を計算する際に、支出にゆとりを持ちすぎて計算した可能性や、収入をきびしく見積りすぎた可能性もあります。必要保障額が適切かどうか、65〜69ページを振り返ってもう一度考えてみましょう。

必要保障額の見直し方法

支出	・生活費や旅行、その他の支出など、ゆとりのお金が多すぎないか（65ページ、68ページ）
収入	・収入を増やすことはできないか ・教育費は奨学金やアルバイトを使って子どもと一緒にがんばれないか（67ページ、69ページ）
貯蓄	・今の家計のムダを減らして、少しでも貯蓄を増やせないか（33ページ）
保険の種類	・最低限必要な時期だけ最低限の保険金額で加入して、保険料を安くできないか（72ページ）

🌱 保険の見直し記入シート

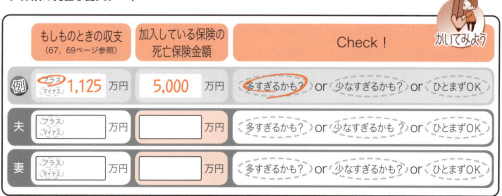

必要保障額と現状確認の次はコレ！

STEP 1

保険証券を用意して保険会社に電話で確認してみよう！

多すぎるかも？ / 少なすぎるかも？

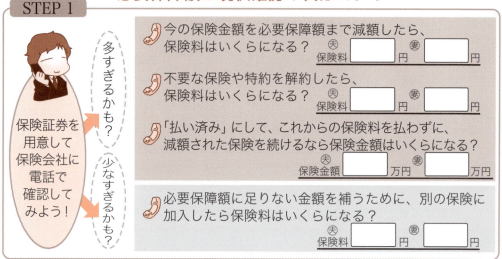

- 今の保険金額を必要保障額まで減額したら、保険料はいくらになる？　保険料　夫□円　妻□円
- 不要な保険や特約を解約したら、保険料はいくらになる？　保険料　夫□円　妻□円
- 「払い済み」にして、これからの保険料を払わずに、減額された保険を続けるなら保険金額はいくらになる？　保険金額　夫□万円　妻□万円
- 必要保障額に足りない金額を補うために、別の保険に加入したら保険料はいくらになる？　保険料　夫□円　妻□円

STEP 2

新しい保険も含めて検討
- 今の保険をやめて新しいのを探そうかな
- 同じ内容で保険料がより安くならないか比較したい！
- 「ほぼ同額」だったけど一度プロに見てほしい

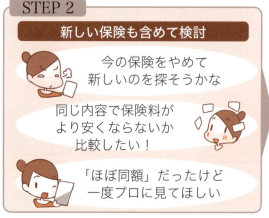

相談・実行
ファイナンシャル・プランナーや複数の保険を扱う代理店に相談しよう

見直し終了
納得・安心

＊1996年（平成8年）4月1日以前に加入した貯蓄性の高い保険（終身保険・養老保険）がある場合は、解約や転換をする前に、「払い済み」などの方法が使えないか、慎重に検討しましょう。

＊「転換」とは、現在加入している保険を下取りにして、新しい保険に変更することです。保険会社が保険料を運用する際の予定利率が下がると不利になる可能性があります。

保険の見直しでは解約や減額がよく使われますが、終身保険や養老保険などの解約返戻金がある保険を見直すときには、3つの方法があります。

「**解約**」は、保険料の支払いがなくなると同時に保障も無くなります。解約返戻金が戻ってくるため、保障は不要で、現金が必要な人に向いています。「**減額**」は保障金額を減らす方法で、残した保障額に応じて保険料も少なくなります。

「**払い済み**」は、それまでに貯まった解約返戻金をもとにして保険を見直す方法で、見直し以降の保険料を払わなくても、減った保障が続きます。払い済みにすると特約はなくなりますが、「今すぐ解約返戻金を使う予定がなく、保険金額は下がってもいいから今まで払った保険料を有効活用したい」という人に向いています。

終身保険の3つの見直し方法

終身保険に入っていた場合（点線が見直し前）	解約	減額	払い済み
保険料の支払い	なくなる	減る	なくなる
保険金額	なくなる	減る	減る
解約返戻金の振込	あり	なし	なし

最後に、保険の見直しをする際の注意点です。

見直しが解約だけならすぐに行ってかまいませんが、保障が必要でほかの保険に変更する場合は、必ず**新しい保険が成立してから、古い保険を解約**しましょう。先に解約したものの、新しく申し込んだ保険が健康状態によって入れなかったり、不担保という保険金が支払われない条件や割増保険料、保険金の減額などの不利な条件がついてしまうと、見直し計画が狂ってしまいます。注意してくださいね。

保険を変更する際の注意点

今回の見直しは、あくまでも現在の生活と制度をもとに考えたものです。**ライフプランや制度が変わったときは、もう一度、65〜71ページで「必要保障額」を確認**しましょう。それが安心と保険料の節約につながります。

損害保険のキホン

1. 火災保険って、入らなきゃいけないの？

1-1 火災保険は火事だけじゃない

　日本には、失火の責任に関する法律があります。自分のちょっとした不注意でお隣さんの家を全焼させても弁償しなくていい代わりに、お隣さんの不注意で自分の家が全焼しても、お隣さんに弁償してもらうことはできません。自分の家は自分で直さなければならないからこそ、火災保険が必要なのです。

　火災保険の証券を確認して、次の表で補償があるものに○をつけましょう。

❧ 火災保険の主な補償内容をチェック

火災保険（最長5年契約）*				建物	家財
火災・落雷・破裂・爆発	（例）・火事で家が燃えた ・落雷で電化製品が壊れた	必ず補償	火災保険金を上限に、実際の被害額に対する金額が補償される 例 建物 2,000万円 家財 500万円		
風災・ひょう災・雪災	（例）・台風や竜巻で家が壊れた ・大雪でカーポートが壊れた	加入の有無により補償内容が変わる			
水災（床上浸水など）	（例）・土砂くずれで家が壊れた ・床上浸水で家具が使えなくなった				
水濡れ	（例）・排水管が壊れて、床の張り替えが必要になった				
外部からの衝突・落下	（例）・家の塀に車がぶつかったようで、壊されている				
盗難による破損・汚損	（例）・泥棒に窓ガラスを割られて、宝石や時計を盗まれた				
偶然の事故による破損・汚損	（例）・子どもが窓ガラスを割った ・テレビを倒してしまって壊れた				

①賃貸住宅に住んでいるあなたへ

　入居時の火災保険を更新せず、無保険になっていませんか。もしものときに大家さんに借りた部屋を全額自己負担で弁償しなくてすむように、損害保険会社で、**家具などを補償する家財の保険に「借家人賠償責任保険特約」をつけて加入しておきましょう。**

②マイホームに住んでいるあなたへ

　火災保険は、建物と家財（家具や家電製品、洋服など）を別々に加入します。加入している補償がわかったら、次の2つの質問を確認しましょう。

> **ポイント**
> 火災保険に国のサポートはない。守れるのは自分だけ！　家や家財の被害は、写真を撮って保険会社に連絡しよう！

＊火災保険の一括加入期間は以前は最長36年、2015年10月～2022年9月までは最長10年契約が可能でした。

Q1. 保険金額は適正ですか？ ➡ ☑はい ・ ☑いいえ

　火災保険は保険金額を上限として、実際の被害額が支払われます。つまり、実際の価値以上に保険金額を高くしても、保険金を全額受け取ることはできませんし、実際の価値以上に低く見積もりすぎると、もしものときには割り引かれて少ない金額しか受け取れません。もう一度建物を建てたり、家財を買ったりするために必要な金額（新価）を確認しましょう。

Q2. 洪水ハザードマップを見て水災補償を検討しましたか？ ➡ ☑はい・☑いいえ

　近年、水災とその被害が深刻化しています。ネットで「ハザードマップポータルサイト」と検索して住所を入力すると、洪水や土砂災害、高潮や津波のリスクが確認できます。リスクを確認したうえで水災補償を検討しましょう。

1-2 地震保険

　地震保険は、地震や噴火、津波が原因で起こった火事などの損害を補償します。**地震保険は火災保険とセットで加入し、火災保険金額の最大半分**＊まで加入することができます。

🦋 地震保険の補償内容と保険金額チェック

地震保険（最長5年契約）					
損害の程度	建物	家財	保険金	建物	家財
全　損	時価の50%以上	時価の80%以上	100%	万円	万円
大半損	40〜50%未満	60〜80%未満	60%	万円	万円
小半損	20〜40%未満	30〜60%未満	30%	万円	万円
一部損	3〜20%未満	10〜30%未満	5%	万円	万円

　地震保険料は、都道府県や建物の構造、保険金額によって決まります。どの保険会社で加入しても同じなため、火災保険の内容で保険会社を選びましょう。

🦋 地震保険料1,000万円あたりの年間保険料の例

例	マンション（イ構造）	木造（ロ構造）
宮城県	11,600円	19,500円
東京都	27,500円	41,100円
大阪府	11,600円	19,500円
熊本県	7,300円	11,200円

　また、地震保険には「建築年割引」「耐震等級割引」「免震建築物割引」「耐震診断割引」があり、保険料が10〜50%安くなります。地震保険の加入に迷ったときは、住宅ローンの有無や被災時の住居費の負担などを考えて検討しましょう。

＊一部の保険会社にある地震上乗せ特約を付けると、補償額を増やせます。

2. もしも誰かをケガさせたらどうしたらいいの？

2-1 個人賠償責任保険こそ必須の保険！

わたしたちは、被害者になった場合だけでなく、加害者になったときに対しても、備えておく必要があります。

日常生活において「人のモノを壊してしまった」ときの弁償責任や、「人にケガをさせてしまった」ときの治療費の負担など、法律上の損害賠償責任を補償するのが「個人賠償責任保険（日常生活賠償責任保険）」です（仕事中や自動車事故は、個人賠償責任保険の対象外です）。

個人賠償責任保険は、火災保険や自動車保険、共済、傷害保険、自転車保険等に特約として加入し、家族の中の誰かひとりが加入していれば、全員が補償されます。

保険金額の上限は1億円～無制限で、保険料は年間1,000～3,000円ほど。この保険を使うのは自分が加害者のときですから、保険金額が1億円以上で、示談交渉サービスつきのものを選ぶと安心です。

なお、保険金は実際の損害額に対して支払われます。高額な保険が重なっていると保険料がムダになるため、家計全体の保険を確認しましょう。

2-2 自転車保険は加入しなくても大丈夫！

自転車保険は、個人賠償責任保険の補償と自分のケガの補償がセットになった保険です。自転車保険を義務化する自治体が増えていますが、義務化されているのは「賠償責任保険」です。個人賠償責任保険に加入していれば、相手への賠償には対応できます。

> **ポイント** 賠償責任保険は一家に1保険あれば、自転車保険がなくても大丈夫！ 火災保険につけておくと、将来、車に乗らなくなっても切り替えモレが防げて安心。

自転車保険と個人賠償責任保険の補償のちがい

		自転車保険	個人賠償責任保険
自転車事故	他人にケガをさせた	○	○
	他人のモノを壊してしまった	○	○
	自分がケガをした	○	×
日常生活での事故	他人にケガをさせた	△	○
	他人のモノを壊してしまった	△	○

※○は補償の対象、×は補償対象外、△は商品や加入プランによって、日常生活における事故は対象外のことがあります。

3. 自動車保険に入ってたら大丈夫ですよね？

3-1 自動車保険の対人・対物賠償は無制限に

　車や原付、バイクなどは、法律で自賠責保険（自動車損害賠償責任保険）への加入が義務づけられています。ただし、自賠責保険では保険金の限度額が決まっていて、被害者が亡くなったときで1人あたり最高3,000万円、後遺障害で4,000万円、ケガの治療で120万円と少額です（ひき逃げなどは「政府保障事業」があります）。

　そこで、自賠責保険で足りない部分を自動車保険（任意保険）で補います。

> **ポイント**
> 対人・対物賠償は無制限加入が鉄則！
> 自分側の補償に迷ったら、人身傷害＋弁護士特約を優先しよう。

🌱 自動車保険の主な補償内容

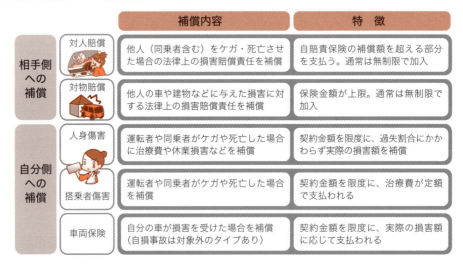

		補償内容	特徴
相手側への補償	対人賠償	他人（同乗者含む）をケガ・死亡させた場合の法律上の損害賠償責任を補償	自賠責保険の補償額を超える部分を支払う。通常は無制限で加入
	対物賠償	他人の車や建物などに与えた損害に対する法律上の損害賠償責任を補償	保険金額が上限。通常は無制限で加入
自分側への補償	人身傷害	運転者や同乗者がケガや死亡した場合に治療費や休業損害などを補償	契約金額を限度に、過失割合にかかわらず実際の損害額を補償
	搭乗者傷害	運転者や同乗者がケガや死亡した場合を補償	契約金額を限度に、治療費が定額で支払われる
	車両保険	自分の車が損害を受けた場合を補償（自損事故は対象外のタイプあり）	契約金額を限度に、実際の損害額に応じて支払われる

　あなたが悪くない「もらい事故」で、加害者がきちんと対応をしてくれない場合、保険会社はあなたの代わりに示談交渉ができません。そんなときの弁護士費用をカバーするのが「**弁護士費用特約**」です。自動車事故だけが対象のものと、日常生活におけるトラブルも対応してくれるものがあります。

　弁護士費用特約も個人賠償責任保険特約と同じく、火災保険に特約がついていることがあるため、重なっていればどちらかを解約しましょう。

「事故で保険を使うと保険料が上がる」という話を聞いたことがありませんか？

対人賠償・対物賠償・車両保険などを使うと、3等級下がり、事故をした人だけのグループで保険料を計算するため、次の更新から保険料が上がります。

たとえば、修理代が5万円のときに、「免責ゼロ円契約だから、自己負担ゼロで修理ができてラッキー」と車両保険を使うと、図のように翌年からは保険料が大幅に上がります。保険を使ったほうがトクか、自分で修理代を払ったほうがトクか、保険を使った後に増える保険料まで考えて、修理前に保険会社に確認しましょう。

少額の修理代を自分で払うのなら、最初から加入しない方法もありますし、1回目の事故から免責10万円に設定しておくと、車両保険料が安くなります。

事故をしたら保険料はいくら上がるの？

第4章 損害保険

FP彩ちゃんの ココだけの話

海外旅行に必須の補償といえば、「海外旅行保険」です。

海外旅行保険付きのクレジットカードは、カードを持っているだけで補償される「自動付帯」タイプと、旅行代金や空港までの交通費をそのカードで支払わないと保険が使えない「利用付帯」タイプがあります。申し込み前に確認しておきましょう。

また、クレジットカード保険の「治療費用」の上限の多くは、200万円前後と少額です。治療費用の金額が少ないと思ったら、別途、海外旅行保険に加入しましょう。

ちなみに、わたしには苦い思い出があります。帰国時のスーツケースが行方不明になりましたが、「航空機寄託手荷物遅延」の補償があったので、帰宅してから当面必要なものを買いに行きました。後日、保険会社に連絡すると、その回答は「対象外」。なんと、いったん帰宅したことで海外旅行が終了し、支払われなかったのです。お金のプロとして、中途半端な知識を反省した出来事でした。

皆さんは気をつけてくださいね。

第5章 年金と老後のお金

1. 退職金に国の年金。いったいどんな制度なの？

日本人の平均寿命は男性約81歳、女性は約87歳ですが、最も死亡者数が多い年齢は男性88歳、女性93歳です（簡易生命表2023年）。人生100年時代だからこそ、ライフプランに合わせたマネープランが欠かせません。**必要な老後資金は人によって異なります。**老後の生活を想像することから始めましょう。

1-1 退職金と働くシニア事情

退職金制度がある会社の割合は、4社中3社です。退職金制度には、一括で受け取る「退職一時金」と、会社から原則年金で受け取る「確定給付年金（DB）」、自分で運用する「確定拠出年金（DC）」の企業年金、共済から受け取る「中小企業退職金共済」などがあり、退職金制度が2本立てや3本立ての会社もあります。

早めに会社の人事や総務の担当者、退職金規定などで確認しましょう。

主な企業年金の種類とiDeCoのかかわり

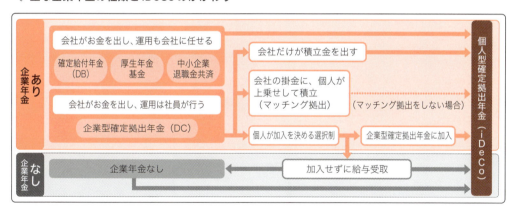

退職して再雇用や嘱託社員になると、定年前の6〜7割の収入になる会社が多いようです。ただし、仮に月20万円の給料だとしても、5年間働くと総額は1,200万円になります。定年後も働く人の割合は、60歳代前半で7割超、後半で5割＊、70歳代前半でも3割を超えているのが今の時代です。長く働くことで総収入を増やすことも検討してみませんか。

なお、5年以上雇用保険料を納めた人の給料が60歳時点と比べて75％未満に下がったときは、雇用保険から**「高年齢雇用継続給付金」**として60歳以降の給料の最高10％を、65歳になるまで最長5年間受け取ることができます。

＊ 65歳以上で給与（月給＋直近1年間のボーナスを12で割った額）と、厚生年金（加給年金除く）の1カ月分の合計額が51万円（2026年度からは62万円の予定）を超えると、超えた額の半分の年金が停止される「在職老齢年金」制度があります。

1-2 老後の年金のキホン

　日本に住むわたしたちは、20歳から60歳までの40年間、国民年金に加入する義務があります。**40年間国民年金保険料を納めた人が65歳になると、国民年金から老齢基礎年金として約83万円／年を、一生受け取ることができます**。

　ただし、ねんきん定期便に「未納」「学特」などの記載があると、その期間分の年金は減額され、1カ月あたり約1,700円分、1年なら約2万円分、受け取る年金額が少なくなります。

　学生納付特例（学特）は、国民年金保険料の納付を待ってくれる制度なので、**放置するとその期間分の年金は受け取れません**。後から納めることができる「**追納**」**の期限は10年**です（2年を過ぎると利息にあたる加算額がつきます）。追納すると、老後の年金が増えて、社会保険料控除が使えるから納める税金は少なくなります。

　なお、納付期日が過ぎてしまった人の**年金を増やすラストチャンスが、60歳になったとき**です。

　まず、60歳以降も会社員などで厚生年金保険に加入して働く人は、手続きをしなくても、**厚生年金保険から「経過的加算」という名前で、国民年金の未納期間（最大5年）に応じた年金額を受け取る**ことができます。

　一方、**60歳以降に厚生年金保険に加入しない人**（フリーランスや主婦、無職など）**は、自治体や年金事務所で「任意加入」の手続きを**行います。国民年金保険料を納めると、未納分（最大5年）の老齢基礎年金を増やすことができますし、付加年金（月額400円）＊にも加入すると、さらに年金額が増やせます。

🌱 老後の年金の平均受給額は？

出典：厚生労働省年金局「令和5年度厚生年金保険・国民年金事業の概況」
※厚生年金の平均加入期間は、男性約36年、女性約25年

　加入する年金制度は、働きかたによって3種類あります。

①国民年金第1号被保険者

　自営業者やその妻、20歳以上の学生、パートや無職の人などは、**第1号被保険者**として**国民年金保険料（約1.8万円／月）を納め、65歳から老齢基礎年金を受け取ります**。納付が難しい場合は、免除や猶予を市区町村に相談しましょう。

＊付加年金額は、「200円×付加保険料の納付月数」で決まります。一生受け取ることができ、2年受け取ると納付分のモトが取れます。

②国民年金第2号被保険者

　会社員や公務員、派遣社員などは、**第2号被保険者**として厚生年金保険に加入し、給料に応じた厚生年金保険料を会社と半分ずつ納めます（個人負担は9.15％）。

　厚生年金保険に加入すると自動的に国民年金にも加入するため、65歳*からは**老齢基礎年金と老齢厚生年金を一生受け取ることができます。**

　老齢厚生年金の額は、厚生年金保険に加入した期間と給料によって決まります。また、60歳以降も厚生年金保険料を納めながら働く場合は、最長70歳まで加入でき、その分も将来受け取る老齢厚生年金額に反映され、年金額が増えます。

③国民年金の第3号被保険者

　会社員や公務員などの第2号被保険者の扶養に入っている人、いわゆる会社員の妻である専業主婦（夫）やパートの人が**第3号被保険者**です。第3号被保険者の国民年金保険料は厚生年金保険全体で負担しているため、自分で年金保険料を納めなくても、65歳から老齢基礎年金を受け取ることができます。

1-3 離婚のときは厚生年金も分割できる

　離婚すると、結婚期間中に夫婦で築いた財産だけでなく、厚生年金保険料の納付記録も分割できます（国民年金は分割できません）*。

　共働き夫婦では、**婚姻期間中の厚生年金納付記録をいったん合計して、合意によって最大半分までを、多いほうから少ないほう（一般的には夫から妻）に分けます。**

　妻（夫）が専業主婦などの第3号被保険者の場合は、2008年4月1日以降の結婚期間中の夫（妻）の厚生年金納付記録の半分を分割できます。

　分割された年金の平均額は、月額約3万円です。再婚相手が年金分割をした側だと、将来の年金は少なくなるため、「ねんきん定期便」で早めに確認しましょう。

▼ 離婚の年金分割

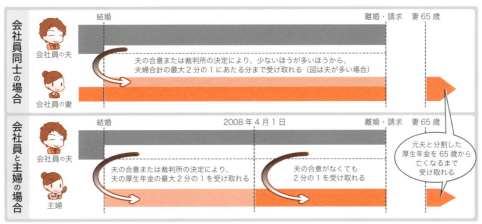

*男性で昭和36年4月1日、女性で昭和41年4月1日までに生まれて1年以上厚生年金保険料を納めた人は、65歳より早く「特別支給の老齢厚生年金」を受け取ることができます。
*年金分割請求権の時効は2年ですが、5年の延長案が検討されています。財産分与請求権の時効は2年（今後は5年に延長）、慰謝料請求権は3年です。

2. 年金って、いくらもらえるの？

2-1 ねんきん定期便から老後の年金は計算できる

年金額を知る際に役立つのが、毎年誕生月に届く「ねんきん定期便」です。

50歳以上の人のねんきん定期便には、今の収入で60歳まで働いた場合の年金見込額が書いてあります。

でも、49歳以下の人のねんきん定期便には、過去に納めた年金保険料に対する途中経過分しか書かれていません。そこで、将来の自分の年金額を「ねんきんネット」や「公的年金シミュレーター」のサイト、右ページの「老後の年金額のざっくり計算法」で試算してみましょう。

ポイント
老後不安から脱出するカギは、「自分の情報」と向き合うこと。
ねんきん定期便を活用しよう！

2-2 老後の年金手取額は約9割

年金の振込は偶数月、つまり2カ月に1回です。年金からも介護保険料や国民健康保険料（75歳以降は後期高齢者医療保険料）は納めますし、年金額によっては所得税や住民税も納めます（税金の計算方法は152ページ参照）。

公的年金収入だけの手取額は、年金の約9割が目安です。ただし、年金を繰下げたり、ほかにも収入があるような場合は、少しずつ下がって8割程度になります。

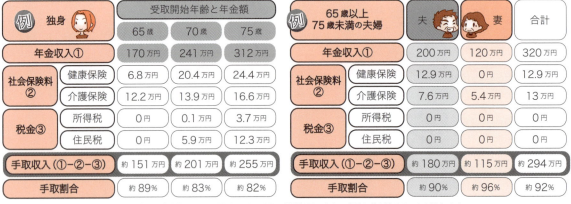

※社会保険料は自治体によって異なります。また、端数処理により、合計に差が生じることがあります。

🌱 49歳以下の人に向けた「ねんきん定期便を使った、老後の年金額のざっくり計算法」

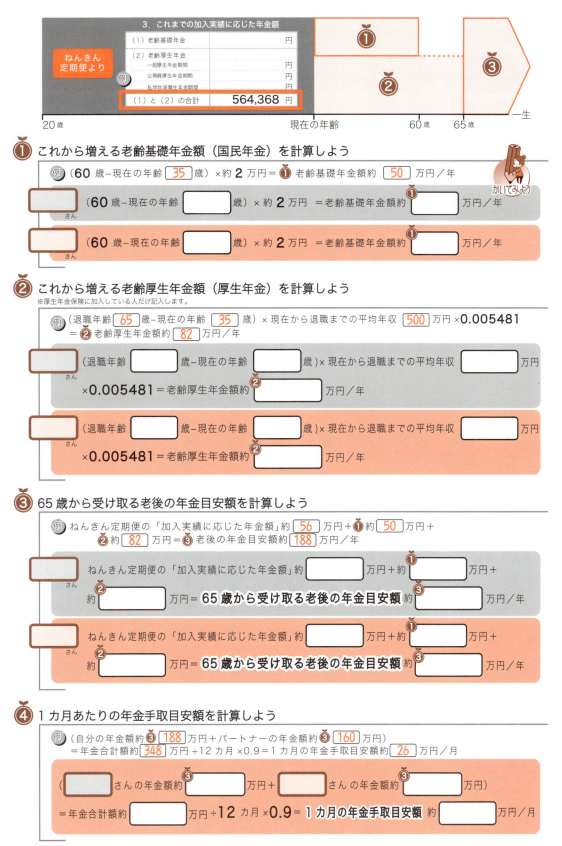

2-3 年金は70歳受取で1.42倍、75歳受取なら1.84倍にUP!

年金の支給開始年齢は65歳ですが、60歳から75歳の間で選択できます。

最短60歳から受け取る「繰上げ」請求をすると、1カ月あたり0.4%の年金がカットされ、減った年金額が一生続きます＊。

その反対に、最大75歳まで受取を遅らせる「繰下げ」受給では、1カ月あたり0.7%増えます。70歳から受け取ると1.42倍、75歳からなら1.84倍に増えた年金額が一生続きます。

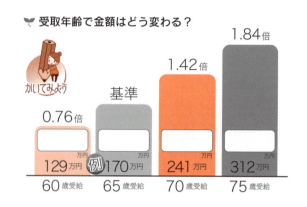

たとえば、70歳まで繰下げる予定でいたけれど、68歳で受け取りたくなった場合は、2つの選択肢があります。ひとつは「65歳で本来の年金を請求したとして、受け取っていない過去3年間分を一括で受け取るパターン」、もうひとつは「68歳から繰下げ受給して約25%増えた年金を受け取るパターン」です。好きなほうを選んで請求します。

ポイント 年金は、長生きの安心をつくるもの。ひとまず繰下げ予定で考えておくと、受取の選択肢が増やせる！

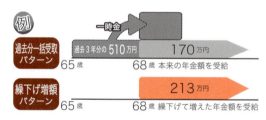

また、「繰上げと繰下げ、どっちがトク？」という質問もよく受けます。計算上は、60歳から繰上げ受給をすると約81歳より長生きしたらソン、70歳からの繰下げ受給なら約82歳、75歳からの受給なら約87歳より長生きした場合にトクとなります。ただし、自分の寿命は誰にもわかりません。**何歳まで生きるかわからないからこそ、一生受け取れる年金**の存在は大きいといえます。

なお、年金額が増える繰下げ受給にも、注意点があります。20年以上厚生年金保険料を納めた人に年収850万円未満の年下のパートナーがいる場合、パートナーが65歳になるまでの間、家族手当として**加給年金**約42万円を受け取ることができます。でも、老齢厚生年金を繰下げると加給年金もストップし、加給年金は繰下げても増えません。また、繰下げ受給で年金収入が増えることにより、医療や介護サービスを受けるときの自己負担額が増える可能性があります。

国民年金と厚生年金は別々に請求できるので、夫婦の年齢差が大きいときは、老齢基礎年金だけ繰下げるなど、加給年金を含めて検討しましょう。

＊繰上げ請求した後、65歳になるまでの間に障がいを負った場合は、障害年金を受け取るほうが有利でも受け取ることができません。

3. 退職までにいくら貯めたらいいですか？

3-1 貯めたい老後資金の計算方法

老後の年金目安額がわかったら、次は、「どこで」「誰と」「どんな生活を送りたいのか」を考えましょう。「平日は図書館で本を読んで、天気のいい日は散歩する」という人と、「たくさん旅行したい」という人では、必要なお金は違いますよね。また、賃貸か持ち家かによっても、毎月の支出は変わります。だからこそ、**自分の老後の生活を具体的に想像して、その生活にかかる金額を見積もることが大切**です。

12ページの月単位と13ページの年単位の支出を参考に、次の記入シートに自分の老後を想像して書いてみましょう。

支出の目安がついたら、いよいよ60歳までに貯めたい金額の計算です。次のページの記入シートを書くと、必要な老後資金と毎月の積立目標額がわかりますよ。

65歳以降の支出（1カ月平均）はどうなっているの？

	2人以上世帯	単身者 男性	単身者 女性	わたしの年金生活 持ち家・賃貸
持ち家率	93.3%	86.3%	84.5%	
消費支出合計	26.1万円	15.1万円	14.8万円	約　　万円
食　　料	7.8万円	4.3万円	3.9万円	約　　万円
住　　居	1.6万円	1.4万円	1.3万円	約　　万円
光熱・水道	2.4万円	1.4万円	1.4万円	約　　万円
家具・家事用品	1.1万円	0.6万円	0.7万円	約　　万円
被服及び履物	0.6万円	0.2万円	0.4万円	約　　万円
保健医療	1.7万円	0.8万円	0.8万円	約　　万円
交通・通信	3.4万円	2.0万円	1.4万円	約　　万円
教養娯楽など	7.5万円	4.4万円	4.8万円	約　　万円

注：総務省統計局「家計調査」（2023年）より著者作成
※各項目の数字は四捨五入により、合計と差が発生することがあります

『あんしん老後の貯蓄計画』というアプリを無料公開しています（iOS用）。シングル用と夫婦用があるからいろんなパターンが試せます。また、『ねんきん定期便活用術』は1回購入すると、老後の年金はもちろん、遺族年金や障害年金、傷病手当金に出産手当金の目安も試算できますよ。

第5章　年金

60歳までに準備したい老後資金がわかる記入シート

かいてみよう

❶ 60～64歳の収支総額

※毎月の積立目標額の百の位は四捨五入

1カ月の手取収入 〔　　〕万円 － 1カ月の支出 〔　　〕万円 ＝ （プラス／マイナス） 〔　　〕万円/月 × 60カ月（5年分） ＝ Ⓐ （プラス／マイナス） 〔　　〕万円

❷ 65～90歳の収支総額

> 住宅ローンは、❸「60歳時のローン残高」にまとめて書くので、毎月の支出には含めません。

1カ月の手取収入 〔　　〕万円 － 1カ月の支出 〔　　〕万円 ＝ （プラス／マイナス） 〔　　〕万円/月 × 312カ月（26年分） ＝ Ⓑ （プラス／マイナス） 〔　　〕万円

※ねんきんネットで試算した額、または89ページで計算した年金手取額を書きましょう

> 正確でなくてかまいません。まずは書いてみることから始めましょう。

❸ 大きな支出予定の金額　※18ページ参照

60歳時のローン残高・リフォーム 〔　　〕万円 ＋ 家電製品・車の買い替え 〔　　〕万円 ＋ 旅行や楽しみ費の総額 〔　　〕万円 ＋ 医療や介護の予備費 〔　　〕万円 ＝ Ⓒ マイナス 〔　　〕万円

❹ 大きな収入予定の金額

退職金・企業年金の総額 〔　　〕万円 ＋ 確定拠出年金の見込額 〔　　〕万円 ＋ 個人年金保険などの受取総額 〔　　〕万円 ＋ 準備ずみの老後のお金 〔　　〕万円 ＝ Ⓓ プラス 〔　　〕万円

❺ 60歳までに必要な金額

Ⓐ （プラス／マイナス） 〔　　〕万円 ＋ Ⓑ （プラス／マイナス） 〔　　〕万円 ＋ Ⓒ マイナス 〔　　〕万円

＋ Ⓓ プラス 〔　　〕万円 ＝ Ⓔ （プラス／マイナス） 〔　　〕万円

➡ Ⓔ が プラス のときは、ひとまず安心
➡ Ⓔ が マイナス のときは ❻ にすすみましょう

❻ 老後資金用の毎年・毎月の積立金額

> 毎月積立が難しいときは、ボーナスも組み合わせた額を23ページに書きましょう。

Ⓔ 〔　　〕万円 ÷ 60歳までの年数 〔　　〕年 ＝ 約 年間の積立金額 〔　　〕万円/年 ÷ 12カ月 ＝ 約 毎月の積立金額 〔　　〕万円/月

〔実用新案登録第 3184871 号〕

例

❶ 60～64歳の収支総額

1カ月の手取収入 20 万円 － 1カ月の支出 25 万円 ＝ マイナス 5 万円/月 × 60カ月（5年分） ＝ Ⓐ マイナス 300 万円

❷ 65～90歳の収支総額

1カ月の手取収入 26 万円 － 1カ月の支出 25 万円 ＝ プラス 1 万円/月 × 312カ月（26年分） ＝ Ⓑ プラス 312 万円

❸ 大きな支出予定の金額

60歳時のローン残高・リフォーム 300 万円 ＋ 家電製品・車の買い替え 600 万円 ＋ 旅行や楽しみ費の総額 750 万円 ＋ 医療や介護の予備費 600 万円 ＝ Ⓒ マイナス 2,250 万円

❹ 大きな収入予定の金額

退職金・企業年金の総額 1,000 万円 ＋ 確定拠出年金の見込額 500 万円 ＋ 個人年金保険などの受取総額 〔　　〕万円 ＋ 準備ずみの老後のお金 〔　　〕万円 ＝ Ⓓ プラス 1,500 万円

❺ 60歳までに必要な金額

Ⓐ マイナス 300 万円 ＋ Ⓑ プラス 312 万円 ＋ Ⓒ マイナス 2,250 万円

＋ Ⓓ プラス 1,500 万円 ＝ Ⓔ マイナス 738 万円

➡ Ⓔ が プラス のときは、ひとまず安心
➡ Ⓔ が マイナス のときは ❻ にすすみましょう

❻ 老後資金用の毎年・毎月の積立金額

Ⓔ 738 万円 ÷ 60歳までの年数 25 年 ＝ 約 年間の積立金額 29.5 万円/年 ÷ 12カ月 ＝ 約 毎月の積立金額 2.5 万円/月

例 の設定条件

- 会社の定年：60歳
- 年金の受給開始年齢：65歳
- ■手取収入
- 再雇用時の給料：20万円
- 夫婦の年金1カ月分：26万円
- 退職金：1,000万円
- iDeCoの見込額：500万円
- ■支出
- 1カ月の支出：25万円
- リフォーム予算：300万円
- 家電製品の買い替え：150万円／回×2回＝300万円
- 車の買い替え予算：300万円
- 旅行予算：50万円／年×15回＝750万円
- 医療や介護の予備費（2人分）：600万円

3-2 介護の平均は総額542万円だが、個人差が大きい

「2024年度生命保険に関する全国実態調査」(生命保険文化センター)によると、平均介護期間は4年7カ月、1カ月の介護費用は約9万円(在宅介護平均月額は5.3万円、施設は13.8万円)、これに一時的な介護費用47万円を加えると、総額約542万円(在宅介護のみでは約292万円)になります。ただし、介護は個人差が大きく、申請するとお金が戻ってくる制度もあります。

介護は誰にでも起こりうること。だからこそ、**親の介護にかかるお金は親自身の年金や財産の範囲で行い、お金以外の介護の手続きや心のサポートなどを家族と社会で支え合いましょう**。困ったときは、**市区町村や地域包括支援センターが相談窓口**です。

3-3 介護保険は40歳から利用できる

40歳になると国の介護保険に加入し、保険料は健康保険に上乗せして納めます。40～64歳の人は、末期がんや脳血管疾患、認知症などの老化が原因となって起こる特定の疾病で介護が必要になった場合に、介護保険を利用できます。

65歳以上で年金を受け取るようになると、介護保険料は年金から天引きされ、介護が必要となった原因を問わず、介護保険が利用できます。

3-4 介護保険は申請がカギ

介護保険は、市区町村に申請をし、認定を受けて利用します。

要介護度の認定は、「要支援1」から手厚い介護が必要な「要介護5」に分かれ、要介護度に応じて支給限度額が決まります。介護保険を使ったときの自己負担は原則、**利用料の1割***です。たとえば、おむつ交換や入浴介助のサービス料が1時間5,000円なら自己負担は500円ですみますし、手すりを付けるなどの住宅改修には支給限度額20万円(1割負担で最大18万円の給付)もあります。

1カ月の介護費用が高額になったときは「**高額介護サービス費**」を申請すると、一般的な所得なら月額44,400円を超えた分が払い戻されます。また、1年間に家族内で医療と介護の両方が高額になったときは「**高額介護合算療養費**」の申請をすると、負担したお金の一部が戻ってきます。

また、医師の「**おむつ使用証明書**」があれば、証明書発行日以降のおむつの購入代金が医療費控除の対象となります(153ページ参照)。自治体によっては、独自のサービスなどもあるため、**国や自治体のサポートを賢く利用**しましょう。

 ポイント 介護が必要になったときには、今のおこづかいやレジャー費、旅行代などが減るはず。支出が増える心配ばかりせず、家計全体の収支を考えよう。

---

*本人の合計所得が160万円以上で、年金収入とその他の合計所得が単身者280万円以上340万円未満は2割、340万円以上は3割、2人以上世帯で年金収入とその他の合計所得が346万円以上463万円未満は2割、463万円以上は3割負担です。

3-5 親の介護は介護休業給付と自治体サポートで乗り切る

　親の介護で仕事を休む際は、雇用保険から「**介護休業給付金**」として「**休む前の賃金日額×支給日数×67%**」を通算 93 日分受け取ることができます。親の入院中に介護休業を取り、介護施設や退院後の準備を行うとその後の生活がスムーズです。

介護保険の要介護度と在宅サービスの 1 カ月あたりの自己負担

（1単位10円で換算）

要介護度	支給限度額	自己負担 （1割）	状　態
要支援1	50,320円	5,032円	日常生活はほぼ自分でできるが、現状が悪化し、要介護状態にならないための予防として少しの支援が必要
要支援2	105,310円	10,531円	要支援1の状態から日常生活の基本動作がわずかに低下した状態
要介護1	167,650円	16,765円	立ち上がりや歩行などに不安定さが見られることが多く、日常生活に部分的な介助が必要な状態
要介護2	197,050円	19,705円	立ち上がりや歩行に何らかの支えが必要で、排泄や入浴などにも介助や見守りが必要な状態
要介護3	270,480円	27,048円	立ち上がりや歩行、排泄や入浴、衣服の着脱などがひとりではできず、ほぼ全面的な介助が必要な状態
要介護4	309,380円	30,938円	日常の生活全般にわたり、さらに動作能力が低下し、介助なしでは日常生活が困難な状態
要介護5	362,170円	36,217円	生活全般に全面的介助が必要で、介助なしではほとんど生活が不可能な状態

主な介護施設と要介護度 3 の費用例

	主な特徴	入居一時金 月額総費用の目安
特別養護 老人ホーム	・要介護 3 以上が入居条件 ・必要な介護サービスを利用・負担し、部屋は多床室（4 人部屋など）と個室がある ・月額総費用は、収入や居室により異なる	0 円 約 9 万〜約 15 万円
サービスつき 高齢者向け住宅	・賃貸契約に見守りと生活相談サービスがセット ・介護状態に応じて、必要な外部の介護サービスを組み合わせて利用し、利用した分だけを負担する ・月額総費用は、物件や地域により異なる	0 円〜数千万円 約 12 万〜約 40 万円
介護つき 有料老人ホーム	・介護スタッフの人員配置基準が定められている ・介護サービスの利用状況にかかわらず、要介護度に応じた介護サービス費を、固定額で支払う ・月額総費用は、物件や地域により異なる	0 円〜数千万円 約 12 万〜約 60 万円

※月額総費用とは、住居費、食費、日用品費、リネン代、介護・医療費などを含めた目安額のことです。

（協力：株式会社老人ホーム紹介センター。ホームは大阪市内施設の一例）

4. iDeCoで老後資金をオトクに貯めたい

老後資金目的の積立制度と商品を4つ紹介します。

老後資金の主な準備方法4つ

	①iDeCo（個人型確定拠出年金）	②個人年金保険	③小規模企業共済	④国民年金基金
特徴とメリット	・節税効果が高い ・掛金の調整や受取年齢・方法が自由	・途中解約できる ・保険会社に任せられる	・節税効果がある ・借入ができる	・節税効果がある ・終身で受け取れる
注意点	・60歳まで引き出せない ・口座管理手数料がかかる	・途中解約すると元本割れする ・節税効果が小さい	・加入者が個人事業主などに限られる	・加入者が国民年金第1号に限られる
年12万円を積み立てたときの税の軽減効果※	約24,000円＋運用益も非課税でオトク	約6,800円オトク	約24,000円オトク	約24,000円オトク

※課税所得195万〜330万円の場合

4-1 誰もが使える老後資金の準備方法

① iDeCo（個人型確定拠出年金）

確定拠出年金には、勤務先が導入する企業型（DC）と個人型のiDeCoがあります。

iDeCoは20歳〜70＊歳までの人が対象で、証券会社や銀行などを通じて加入します。

確定拠出年金は、**毎月掛金を積み立てて自分で運用**します。運用商品にある定期預金や保険は元本が確保されていますが、現在の低金利ではほとんど増えません。一方、株式や債券で運用する投資信託は値動きがありますが、将来増える可能性があります（6章参照）。運用商品はいくつでも選べますし、選んだ運用商品の変更はいつでも何度でも行えます。

確定拠出年金のしくみ

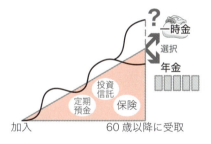

また、**月額5,000円以上1,000円単位**で1年に1回、積立金額の変更ができるから、この自由度は、老後まで時間がある若い人にも向いています。

老後資金づくりが目的の確定拠出年金で積み立てたお金は、**60歳まで引き出すことができません**（障がい・死亡時は受け取れます）。**60歳〜75歳までの受け取りたいときに、一時金や年金などの受け取りかたを選んで請求**します。

＊60歳以降は厚生年金保険に加入するか、国民年金に任意加入する場合に、最長65歳まで積み立てることができます。改正後は、iDeCoに加入していて60歳〜70歳で年金保険料を納める必要がなく、iDeCoも老齢基礎年金も受け取っていない人は、月額6.2万円まで積み立てることができます。

働きかたとiDeCoの月額掛金の上限額

	自営業者など（国民年金第1号被保険者）	会社員・公務員など（国民年金第2号被保険者）			専業主婦(夫)など（国民年金第3号被保険者）
		企業年金がない会社員	企業型確定拠出年金や確定給付年金がある会社員・公務員		
現在	68,000円	23,000円	55,000円 −（ほかの制度の掛金額 + 企業型確定拠出年金掛金額）	※上限20,000円	23,000円
改正後	75,000円	62,000円	62,000円 −（ほかの制度の掛金額 + 企業型確定拠出年金掛金額）	※公務員は54,000円 ※私学共済は55,000円	23,000円

　iDeCoの最大の魅力は、3つの税制優遇メリットです。

　まず、**掛金全額が小規模企業共済等掛金控除の対象になるため、所得税と住民税が軽減**できます（149ページ参照）。2つめは、**運用中の利益に税金がかかりません**。3つめは**将来受け取るときに税金の計算対象にはなりますが、退職所得控除や公的年金等控除の優遇制度**が使えます（150ページ参照）。なお、企業型確定拠出年金の選択制やマッチング拠出＊もiDeCoと同じ税の軽減効果があります。

　次の図は、毎月2万円を「定期預金」と「iDeCoの定期預金」で積み立てた例です。

　今の定期預金の金利が30年間続くとしたら、その合計利息は約18万円です。それに対して非課税のiDeCoの定期預金では約22万円が受け取れます。さらに、1年間の掛金24万円に対して4.8万円の税金が安くなるため、30年で合計144万円の税の軽減効果があります（課税所得195万〜330万円の場合）。そのうえ、もしも投資信託で年1%の運用ができたとすると、

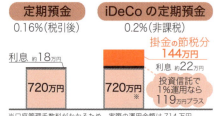

毎月2万円を30年間積み立てたら？

119万円も増えます。定期預金なら約18万円しか増えないのに、iDeCoなら、税の軽減効果と年1%の運用益で合計263万円も増える可能性があるのです。

　iDeCoは加入時の手数料約3,000円と、最低でも月額171円の口座管理手数料がかかります。30年で約6万円かかっても、その間の税の軽減効果の144万円で手数料分のモトは取れますね。

　金融機関を選ぶときは「iDeCoナビ」サイトが便利です。

老後資金の準備ならiDeCoが最強！

　次の表は、老後資金の準備方法別の税金の軽減効果です。源泉徴収票を見ながら111ページの記入シートを書くと、さらに効果が確認できますよ。

＊勤務先の確定拠出年金にマッチング拠出（掛金の上乗せ制度）がある場合、マッチング拠出とiDeCoのどちらかを選択します。

老後資金の準備方法と税の軽減効果

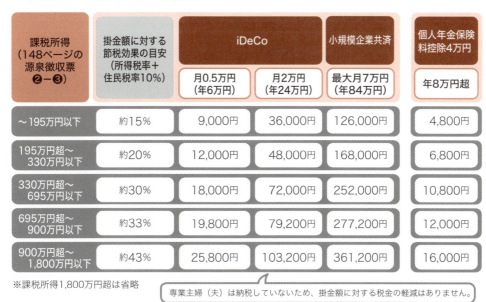

課税所得 （148ページの 源泉徴収票 ❷−❸）	掛金額に対する 節税効果の目安 （所得税率＋ 住民税率10%）	iDeCo 月0.5万円 （年6万円）	iDeCo 月2万円 （年24万円）	小規模企業共済 最大月7万円 （年84万円）	個人年金保険 料控除4万円 年8万円超
〜195万円以下	約15%	9,000円	36,000円	126,000円	4,800円
195万円超〜330万円以下	約20%	12,000円	48,000円	168,000円	6,800円
330万円超〜695万円以下	約30%	18,000円	72,000円	252,000円	10,800円
695万円超〜900万円以下	約33%	19,800円	79,200円	277,200円	12,000円
900万円超〜1,800万円以下	約43%	25,800円	103,200円	361,200円	16,000円

※課税所得1,800万円超は省略

専業主婦（夫）は納税していないため、掛金額に対する税金の軽減はありません。

② 個人年金保険

個人年金保険は、保険会社に保険料を積み立てて、将来、積み立てたお金を年金として受け取る商品です。年齢や職業を問わず加入することができます。

10年以上保険料を支払い、60歳以降に10年以上にわたり年金を受け取る契約は、個人年金保険料控除の対象になります。

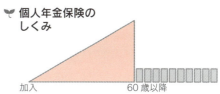

個人年金保険のしくみ

4-2 主に個人事業主などが使える準備方法

① 小規模企業共済

小規模企業共済は、個人事業主や従業員20人以下の企業の役員向けの退職金制度で、商工会議所や金融機関で手続きします。

毎月の掛金は1,000円〜7万円で、掛金の変更や借り入れが可能です。掛金全額が小規模企業共済等掛金控除の対象です。

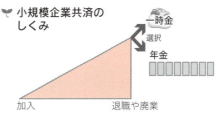

小規模企業共済のしくみ

② 国民年金基金、付加年金

個人事業主などの国民年金第1号被保険者を対象とした、一生受け取ることができる年金です。国民年金基金と付加年金はどちらかの選択となり、掛金全額が社会保険料控除の対象です。また、掛金はiDeCoと合わせて月額6.8万円*が上限です。

＊国民年金基金または付加年金との合算が上限です。改正後は、月額7.5万円が上限に変わります。

第6章 投資のキホン

この章のポイントとゴール

GOAL

- STEP 4 投資口座を申し込む →108ページ
- STEP 3 資産配分ができる →106ページ
- STEP 2 債券・株式・投資信託を知る →103ページ
- STEP 1 リターンとリスクを知る →99ページ

記入シートあります

投資のおかげでお金もこころも未来も豊かに♪

NISAで投資デビューするぞ〜！

コースメニューにしようかな♪ それともアラカルトで組み合わせようかな♪

プロに任せる投資信託なら始められそう！

コツコツ積立なら、リスクが減らせるんだ！

投資に興味はあるけど、ソンするのはイヤだなぁ

投資の勉強って、何から始めたらいいんですか？ 情報があり過ぎて、余計にわからなくなっちゃいます

金融庁のNISA特設ウェブサイトなら、制度も投資も両方学べます。
金融機関を選ぶなら「新NISAナビ」、投資信託の評価なら「ウエルスアドバイザー」、株式や債券の配分割合なら「myINDEX」の資産配分ツールがオススメです

「推し」のSNS以外にも、信頼できる情報はいろいろあるんですね〜。見てみます！

1. 投資はしたほうがいいの？

そもそも投資とは、将来の利益を期待してお金を使うことを言います。日常生活にも自己投資という言葉があるように、気分転換に通う料理教室なら「趣味」の支出ですが、将来のカフェ開業のための料理教室なら「自己投資」になります。

お金の学びと行動が最高の自己投資になるように、一緒に学んでいきましょう！

1-1 投資のポイントは「目的」と「気持ち」

投資に興味がわいてくると、「どの商品を買ったらいいの？」、「いつ買ったらいいの？」、「何を勉強したらいいの？」と、いろんなことが気になることと思います。

では、あなたがお金を増やしたいと思った理由は何ですか？

たとえば、お金を使う時期と目的が「30年後の老後資金」なら、確定拠出年金やNISAの制度を使って投資信託を積み立てると、将来増える可能性があります。一方で、減ったら困る「3年後の子どもの学費」に投資は向きません。

このように投資では、老後や教育、生活のゆとりのためなどの「目的」と、値動きにハラハラするのか、ワクワクするのかなどの「気持ち」がセットになります。

図の横軸は、お金を使う時期を表し、縦軸は商品の値動きに対する気持ちを表しています。

目的と気持ちに合った商品や制度を選べるようになりましょう。

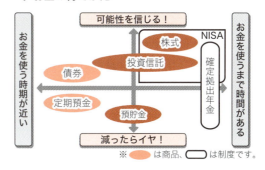

🌱 お金の育てかた

1-2 リターンは「もうけ」。でも、「リスク」はソンじゃない

一般的に「リターン」とは、利益や儲けなどのプラスのリターンのことをいいますが、リターンにはマイナスのリターンもあります。これがソンです。そして、**このプラスのリターンとマイナスのリターンのブレ幅が「リスク」です。**

日常生活では、マイナスリターンの損（loss）とリスク（risk）が同じ意味のように使われますが、「リスク＝損」ではないので、頭を切りかえてくださいね。

代表的な金融商品である預貯金・債券・株式（103ページ参照）のリスクとリターンには、右の図のようなブランコの関係が成り立ちます。

ブランコは前後に揺らして、後ろに下がった分だけ高く上がりますよね？

投資も同じです。

マイナスのリターンになるかもしれないリスクを取るか

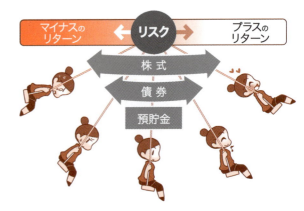

リターンとリスクはブランコと同じ

らこそ、高いリターンを得る可能性があります。このプラスとマイナスのブレ幅であるリスクが大きいとハイリスク・ハイリターン、低いとローリスク・ローリターンといいます。

ブランコをこぐときと同じように<u>投資も少しずつ、そして、自分が理解し、納得できるリスクとリターンの範囲で行うことが大切</u>ですよ。

1-3 リスクを小さくする知恵は、分散・積立・長期の３つ

投資の不安といえば、将来の値動きがわからないこと、特に、ソンをするかもしれないことでしょう。そこで、リスクを小さくするための知恵を３つ紹介します。

ポイント①　分散

ひとつめは「**投資対象の分散**」です。

攻めの株式ばかりでは、期待どおりにならなかったときのダメージが大きく、守りの預貯金ばかりではお金は増えません。そこで、<u>攻めも守りも両方持ち、株式も債券も、日本にも海外にも投資をすることで、一点集中のリスクを避けます</u>。どの資産が増えるか減るかわからないからこそ、さまざまな資産に分けて投資をします。

ポイント②　積立

２つめは、買ったり売ったりする時期を分ける「**時間の分散**」です。「いつ買ったらいいのか」という値動きをチェックする手間やストレスから解放され、買ったときの平均価格を下げる効果が期待できるのが「時間の分散＝コツコツ積立」です。

毎月同じ金額を投資すると、商品の値段が高いときの買う量は少なくなり、値段が下がったときはたくさん買うことができます。その結果、商品の買値（仕入れ値）が下がるから、売るときは少しの値上がりで利益を出しやすくなります。

積立期間が短かったり、一方的に値段が上がり続けたり、下がり続けたりする場

合は効果が出ませんが、長い投資の歴史において値段の上下は繰り返されているので、「時間の分散」の効果が期待できます。

　たとえば、次の投資信託をAさんとBさんが10万円で買うとします。Aさんは1月に10万円を一括投資して、1個1万円の投資信託を10個買いました。Bさんは、毎月の積立金額1万円で買える数の投資信託を10カ月買ったので、値段が1個5,000円になった8月は2個買えて、合計13.5個買えました。10月の投資信託の値段が1個8,000円なら、Aさんの残高は8万円、Bさんの残高は10.8万円です。

　一括投資をしたAさんはソンしているのに、毎月一定金額を積み立てたBさんは利益が出ました。これがコツコツ積立の強みです。

　もちろん過去の動きを見ると、8月に一括で買っていたら大きな利益が出せました。でも、未来の買い時を予測することはプロでも困難です。だからこそ、コツコツ積立で値動きの不安を小さくしつつ、値下がったときにはプラスの発想ができるようにしませんか。

	投資信託の値段	1月	2月	3月	4月	5月	6月	7月	8月	9月	10月	10月の残高
		10,000円	8,000円	9,000円	8,000円	7,000円	8,000円	7,000円	5,000円	7,000円	8,000円	
Aさん	投資金額	10万円	—	—	—	—	—	—	—	—	—	8万円
	購入数	10個	—	—	—	—	—	—	—	—	—	10個
Bさん	投資金額	1万円	1万円	1万円	1万円	1万円	1万円	1万円	1万円	1万円	1万円	10.8万円
	購入数	1個	1.3個	1.1個	1.3個	1.4個	1.3個	1.4個	2個	1.4個	1.3個	13.5個

※本来、投資信託の基準価額は1口単位で換算しますが、ここではわかりやすくするため1個としています

一括投資で値下がったら投資はイヤになる。
でも、コツコツ積立なら値下がったときも「バーゲンでたくさん買える」とチャンスに思える！

第6章　投資

　食事の際、同じお金を払うのなら少しでも美味しいものを食べたいし、同じ美味しさなら少しでも安くしたいと思うはず。この「リスクに見合ったリターンを得ているか」という投資のコストパフォーマンスの考えかたを「シャープレシオ」といいます。シャープレシオは、リターン÷リスクで計算され、高いほうが投資効率が良いと考えます。比べるときは日本株は日本株同士、過去10年なら10年同士と、比べる対象を同じにします。シャープレシオは、証券会社や投資信託の評価を行うウエルスアドバイザーのサイトなどで見ることができますよ。

ポイント③ 長期

3つめの知恵は、「**長期投資**」です。

次のグラフは、日本の株式と債券、海外の株式と債券に4分の1ずつ毎月積立をした実績です。5年間積み立てたら売るということを繰り返した「保有期間5年」の左のグラフでは、元本割れの年があるうえ、リターンのバラツキも大きかったことがわかります。ところが、「保有期間20年」の長期になると、投資結果は2～8％といずれもプラスになり、値動きの幅も小さく安定しました。あくまでも過去の実績であり、将来を約束するものではありませんが、長期投資の効果がわかりますね。

🌱 1985年から、日本と海外の株式・債券に分散＆毎月積立投資した場合のリターンの分布

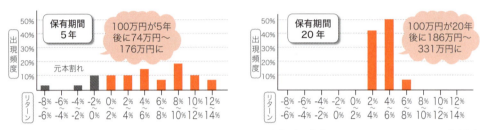

出典：金融庁「つみたてNISAについて」をもとに著者作成

長期投資では、複利も大きな力を発揮します。複利とは、運用して増えた利息や分配金を再び投資することで、さらに元本を増やして投資効果を高める方法です。投資期間が長くなるほど複利効果も高くなりますよ。

ミニ知識

投資の前に値動きの目安がわかると、ちょっとだけ心の準備ができませんか？　リスクはリターンを中心にプラスにもマイナスにもブレますから、期待リターンにリスク（標準偏差）の数値を足し引きすると値動きの幅が予想できます。

たとえば、過去の運用実績＊から「リターン5％、リスク10％」が見込まれる場合、「68％の確率で－5％～15％の範囲におさまり、95％の確率で－15％～25％の値動きがあるだろう。つまり、－15％以下や25％超になる確率は残りの5％だ」と予想できます。確率論ですが、参考にしてみてくださいね。

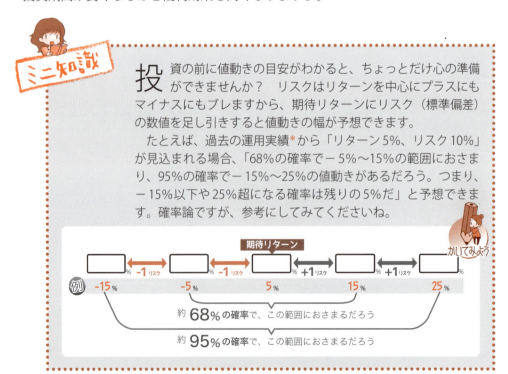

＊投資信託の運用実績は、証券会社や投資信託の評価会社であるウエルスアドバイザーのサイトなどで見ることができます。

2. 債券・株式・投資信託って、どんな商品？

2-1 投資のキホンは、債券と株式

「株式はなんとなく想像できるけど、債券はよくわからない」という声を聞きます。

たとえば、どんなに素晴らしい商品を開発しても、手持ちのお金や銀行から借りるお金（融資）が十分になければ、大量生産することができません。そこで、「10年間お金を貸してください。その間は利息を払いますし、期日が来たら全額お返しします」と国や会社が個人からお金を借りて集めます。これが『債券』です。

でも、債券は期日が来たら借りたお金を返さなければなりません。そこで会社は返さなくてもよいお金を集めるために、「わが社の株主になりませんか？　この商品が世の中の役に立ってたくさん売れて利益が出れば、配当も出せるし株価も上がるから、あなたの資産も増えますよ」と出資者をつのり『株式』を発行するのです。

🌱 主な投資商品

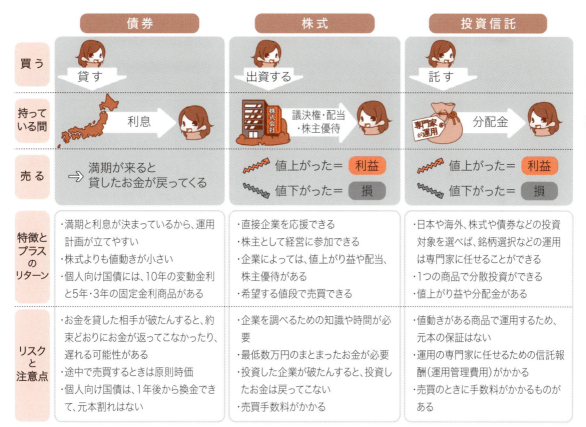

選んだ投資先が、期待どおりに成長しない可能性はありますが、だからこそ、成長したときの喜びも利益も大きくなります。自分のお金が誰かの役に立ちながら、自分のお金も増えて豊かになること。それが「投資」です。

2-2 投資信託は、投資のプロを信じて託す商品

債券はお金の貸し借り、株式は出資がキホンですが、誰もが売買できる株式は、日本だけで約4,000社あります。この中から自分の好きな会社を応援することや、隠れた優良企業を見つけるのが面白いという人は、株式投資が楽しめそうです。

でも、時間も労力もかかって大変そう……と思う人は、**投資のプロに自分のお金を託す『投資信託』**が向いています。

投資信託とは、わたしたちが託したお金をひとまとめにして、投資のプロが株式や債券などで運用する商品です。値動きはありますが、**ひとつの投資信託の中には数十から数千の銘柄が含まれているから、自動的に分散投資ができることや、最低100円または1,000円から始めることができる**点も魅力です。

投資信託の商品名は、長いものや聞き慣れないカタカナが多くて難しそうです。でも、下の左側の図のように、大まかなルールがわかると簡単に感じませんか。

🕊 投資信託の名前の決まりかたの例

いろはにほへと日本株式インデックスファンド

投資信託を運用している会社やシリーズ商品の名前 ／ 投資の対象 ／ 投資信託の運用方針や指標 ／ 投資信託のこと

🕊 投資信託の組入銘柄の例

	組入上位銘柄	割合
1	APPLE INC	3.6%
2	MICROSOFT CORP	3.3%
3	AMAZON.COM INC	2.2%

投資信託の詳しい内容は「目論見書（投資信託説明書）」や「運用報告書」を見るとわかりますし、「組入上位10銘柄」には投資先の会社名も載っています。

たとえば「APPLE INC3.6％」と書いてある投資信託を1万円購入した場合、「わたしはiPhoneを作っているアップル社の360円分の株主なんだ！」と考えることができます。自分のお金がどんな会社の役に立っているのかがわかると、ちょっとワクワクしませんか？　投資したお金と自分との接点を発見して、楽しみを増やしてくださいね。

2-3 投資信託には手数料がかかる

プロが運用する投資信託には、3つの場面で手数料が登場します。スポーツジムにたとえるなら、始めるときの入会金が購入時手数料、通っている間に必要な月会費が信託報酬、そして退会費が信託財産留保額だと思ってください。

投資信託の3つの手数料

買うとき	持っている間（運用中）	売るとき
購入時手数料（直接支払う）	信託報酬（運用管理費用）（間接的に差し引かれる）	信託財産留保額（直接支払う）
「購入時（販売）手数料」は、窓口となる金融機関の儲けとなるお金です。同じ投資信託でも金融機関によって購入時手数料は異なります。**NISA**の「つみたて投資枠」で購入する商品には、一切かかりません。	「信託報酬（運用管理費用）」は、投資信託にかかわるすべてのプロに支払う手数料です。投資信託から自動的に日割り計算で差し引かれます。信託報酬を差し引いた後の金額が、投資信託の時価である**基準価額**です。	「信託財産留保額」は、先に解約する人の売買手数料がほかの人の負担にならないように、投資信託に残していく手数料のことです。運用を行うプロの考えかたによって、かかるものとかからないものがあります。

2-4 投資信託を運用するプロの「性格」を選ぶ

　投資信託を購入するときは、運用のプロが「どんな方針で運用しているか」を確認します。それが「パッシブ（インデックス）」運用と「アクティブ」運用です。

　パッシブは受動的、インデックスは指標という意味。つまり、**パッシブ運用とは、インデックスと定めた株価指標（平均）と連動する動きを目指す投資信託**のことです。

　たとえば、日経平均株価指数＊に連動する動きを目指すのなら、日経平均株価と同じ225銘柄を持つと簡単に連動します。プロの手間がかからないぶん、手数料は低く設定できるから、同じ指数に連動する投資信託なら、少しでも手数料が低いほうがわたしたちにとって良い投資信託となります。

　一方、アクティブは積極的という意味。**アクティブ運用はプロが銘柄を厳選して運用し、株価指数（平均）よりも高いリターンを目指す投資信託**です。プロの投資判断が当たれば大きなリターンが得られる一方、予想が外れると、値下がり幅も大きくなる可能性があります。アクティブでは、銘柄の調査や分析、売買などにプロの手間がかかるため、手数料はパッシブ運用よりも高い傾向があります。アクティブでは、投資理念や銘柄を選ぶルール、運用実績などを確認して選びましょう。

投資信託を運用するプロの気持ちは？

	パッシブ（インデックス）運用	アクティブ運用
運用目標	ベンチマークと同じ動きを目指す	ベンチマークよりも高い運用結果を目指す
特徴	指標とした銘柄全体に投資	バリュー（割安）やグロース（成長）など銘柄を厳選
手数料	低め	高め

＊日経平均株価は、日本の代表的な225社の平均株価指数です。TOPIX（東証株価指数）は、東京証券取引所の主にプライム市場に上場している約1,700銘柄の時価総額指数です。

3. 投資信託って、どうやって選ぶの？

3-1 投資対象を決める

わたしたちが買うことができる投資信託は、全部でいくつあると思いますか？

その答えは、6,000本弱。数が多くて選ぶのが大変そうですが、グループ分けをすると簡単になります。

株式・債券・不動産などの「何に」投資をするのか、日本・先進国・新興国などの「どこに」投資をするのか、「運用スタイル」はパッシブ（インデックス）かアクティブかを決めた後に商品を選びます。

🌱 現在、そして、これからの資産配分を考えよう

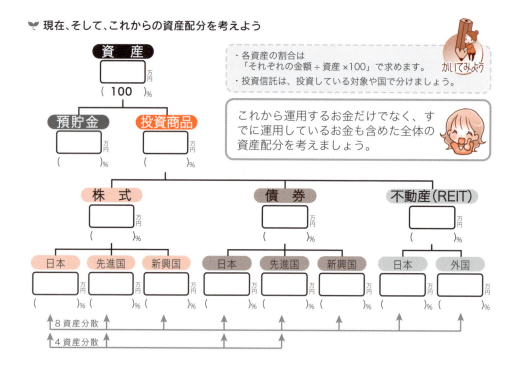

たとえば世界の株式に投資したいとき、あらかじめ「日本5％、アメリカやヨーロッパなどの先進国85％、中国やインドなどの新興国10％」というように全世界に分散投資された投資信託を1つ選ぶ方法もあれば、自分で日本株・先進国株・新興国株に投資する投資信託から、気に入ったものを組み合わせる方法もあります。

居酒屋さんのメニューにたとえるなら、前者が料理が決まっているコースメニュー、後者が好きな料理を自由に注文するアラカルトメニューです。

🌱 投資も食事と同じ!?　あなたはコース派？　アラカルト派？

	コースメニュー	アラカルトメニュー
【特徴】居酒屋さんのメニューにたとえると…	「オススメコース」のようにあらかじめメニューが決まっている ○：組み合わせもタイミングもすべてお任せで悩まない △：自由度がない	単品メニューの中から、自由に選ぶ注文方式 ○：好きなものを好きな分量で組み合わせることができる △：自分で決める必要がある
投資信託のキーワード例	・全世界株式 ・バランス（資産複合）型　など	・日本株式 ・先進国株式　　　など
こんな人が向いている	・自分で商品を組み合わせるのが不安な人や面倒な人	・商品の選択を楽しめる人や分析が好きな人

組み合わせの例として、3タイプを紹介します。

🌱 資産配分の例

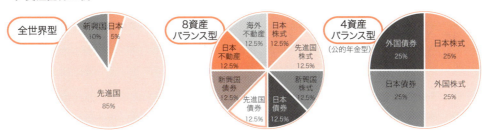

　上の図の左からひとつめの「**全世界型**」は、世界50カ国以上の株式に投資をするものです。このタイプを1本持つだけで、世界中の国に分散投資ができます＊。

　2つめと3つめは、株式と債券がセットになったタイプです。株式だけの運用に比べると、債券による値動きを抑える効果が期待でき、商品名の多くに「**資産分散**」や「**バランス**」「**資産複合**」という言葉が入っています。

　真ん中の図は8つの資産に12.5％ずつ均等に運用され、右の図は4つの資産に25％ずつ分散して運用される商品です。4資産バランス型は、わたしたちの年金を運用するGPIF（年金積立金管理運用独立行政法人）の資産配分と同じです。過去20年以上を平均すると、年約3～4％の運用実績があります。

　投資前に慎重になる気持ちはよくわかりますが、未来の値動きは誰にもわかりません。だからこそ、**自分の感覚に合う投資信託から第一歩を踏み出しましょう。**

＊投資信託説明書（目論見書）に「MSCI オール・カントリー・ワールド・インデックス（ACWI）」とあれば世界の大型・中型株約3,000銘柄に投資しており、「FTSE グローバル・オールキャップ・インデックス」なら世界の大型・中型・小型株を含む約9,000銘柄に投資をしています。

4. NISAで投資を始めたい

　投資を始めるときは、証券会社や銀行で投資専用の証券口座を開きます。
　証券口座には、税金がかかる「一般口座」と「特定口座」、税金がかからない「NISA口座」の3種類があります。通常は**特定口座とNISA口座の2つを開設**します。

4-1 「源泉徴収ありの特定口座」は確定申告しなくていい

　投資で得た利益には20.315％の税金を納めなければならず、原則として確定申告が必要です。でも、**源泉徴収ありの特定口座**なら、納める税金が自動で天引きされるから（源泉徴収）、確定申告をしなくてすみます。特定口座はひとつの金融機関につき1つ、つくることができます。

🌱 特定口座とNISA

🌱 特定口座で損をしたときの税金のフォロー

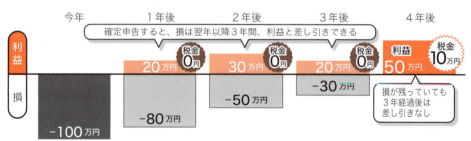

NISAは資産形成を応援する制度です。投資の興味と不安が混ざっているなら、つみたて投資枠の千円積立から始めてみませんか。

4-2 「NISA」は税金がかからない！

「NISA（少額投資非課税制度）」は「投資でどんなにたくさん利益が出ても税金はゼロ円！」という嬉しい非課税制度です。

2024年に新しくなったNISAは、それまでのつみたてNISAにあたる『**つみたて投資枠**』と、一般NISAにあたる『**成長投資枠**』があり、**両方の投資枠が同時に使えるうえに非課税期間も一生続く**など、使い勝手が良くなりました。

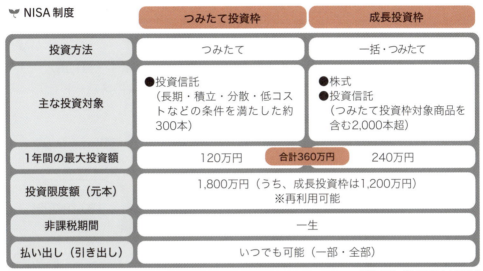

▼ NISA制度

	つみたて投資枠	成長投資枠
投資方法	つみたて	一括・つみたて
主な投資対象	●投資信託（長期・積立・分散・低コストなどの条件を満たした約300本）	●株式 ●投資信託（つみたて投資枠対象商品を含む2,000本超）
1年間の最大投資額	120万円　合計360万円	240万円
投資限度額（元本）	1,800万円（うち、成長投資枠は1,200万円）※再利用可能	
非課税期間	一生	
払い出し（引き出し）	いつでも可能（一部・全部）	

（投資信託の数は2025年2月現在）

①**コツコツ積立のしくみをつくるなら『つみたて投資枠』**

つみたて投資枠は、毎月決まった金額で投資信託を自動積立する制度です。

1月～12月までの**1年間に最大120万円**、月額なら最大10万円の積立投資ができます。最低積立金額は100円や1,000円からで、積立金額や投資信託の変更は自由にできます。もちろんNISAですから、どんなに利益が出ても税金は一切かからず、**一生非課税で投資**ができます。

つみたて投資枠を利用すると、リスクを下げる「**長期・積立・分散**」の3つの知恵が自動的に実践できます。さらに、**対象となる投資信託は購入手数料がかからず、金融庁が定めた低コストなどの基準をクリアした約300本に厳選**されています。

②**自由な投資を楽しみたいなら『成長投資枠』**

成長投資枠では、**個別株式も投資信託も購入できます。成長投資枠に採用された2,000本超の投資信託**（つみたて投資枠の商品を含む）の**自動積立**はもちろん、**一括購入**もできるため、投資の対象も買いかたも自由度が高いのが特徴です。

成長投資枠では、**最大年間240万円**までの投資ができ、**値上がり益や株式の配当金もすべて非課税**です。

③ NISA枠は両方使える！

　NISA口座では、**投資元本ベースで累計1,800万円まで保有**できます。つみたて投資枠だけですべて使うこともできますし、成長投資枠との合計で1,800万円まで投資することもできます（そのうち、成長投資枠は1,200万円まで）。

　つみたて投資枠と成長投資枠の両方を使えば、年間最大360万円の投資ができるから、預貯金や退職金などのゆとりがある人なら、最短5年で限度額まで投資できます。一方で、18歳以上の人が使えるNISAですから、若い人なら毎月3万円の積立で50年かけてゆっくり1,800万円を積み立てることもできます。

　NISAはいつでも一部、または全部を売却（解約）できます。売って元本が減った場合は、翌年以降にその年の上限の範囲内で再び投資できます（**再利用**）。

　お金を育てながらライフプランに合わせて使えるのもNISAのメリットです。

🌱 NISA口座の使いかた

NISAは一生非課税。教育資金やリフォーム、老後資金やゆとり費用などのライフプランに合わせた長期投資で考えましょう♪

4-3　NISA口座の金融機関を選ぶ際のポイント

　NISA口座でその年に投資ができる金融機関は、1人ひとつです。証券会社では株式も投資信託も買えますが、銀行では株式は買えません。口座開設前には実際にサイトを見たり、窓口を利用したりして、使いやすさを確認しましょう。

　金融機関は年単位で変更できます＊。その年に1度もNISA口座で商品を購入していない人は、いつでも変更できます。でも、変更したい年に、すでにNISA口座で商品を購入した人は、10月1日以降に現在NISA口座を開いている金融機関に廃止の手続きをしてから、次の金融機関に移ります。

　最近は、**クレジットカード積立が人気ですが**、カード積立の上限は、月額10万円です。ポイント還元率は0.5％〜が主流のため、ポイントへの過度な期待は禁物です。

　そして、**資産形成ではお金を使う出口戦略も重要です**。運用しながら取り崩し（払い出し）をしたい人は、**定期売却サービス**の有無を確認しましょう。

　定期売却とは、あらかじめ決めた金額や割合分の投資信託を自動で売って現金化するサービスです。年金が振り込まれない月の補填や上乗せとして使えるため、受け取り年齢が近い人は、受取りかたも視野に入れて金融機関を選びましょう。

＊金融機関を変更しても、すでに購入したNISA口座の商品は、もとの金融機関で保有することができます。

非課税を最大限に利用するなら、①iDeCoや企業型確定拠出年金のマッチング・選択制の活用、②NISA、③特定口座（課税）、の順に検討します。記入シートに書き込むと、その効果がわかりますよ。

投資信託の運用と非課税効果がわかる記入シート

例 毎月2万円を30年間、2%運用できたらいくらになる?

①iDeCo
- C 所得控除の減税額 144万円
- B 2%での運用益（非課税）265万円
- A 積立元本 720万円
- －D 口座管理手数料 6万円

合計 1,123万円

※97ページの課税所得が195万円超～330万円以下（合計税率20%）の場合

②NISA
- B 2%での運用益（非課税）265万円
- A 積立元本 720万円

合計 985万円

③特定口座＊
- B 2%での運用益（税引後）212万円
- A 積立元本 720万円

合計 932万円

※復興特別所得税は考慮していません

わたしが毎月 [　] 万円を [　] 年間 [　] %運用できたらいくらになる?

①iDeCo
A － D ＋ B ＋ C
= [　] 万円

②NISA
A ＋ B
= [　] 万円

③特定口座＊
税引後の運用益（ B ×0.8）＋ A
= [　] 万円

A　積立元本=毎月 [　] 万円×12カ月× [　] 年= [　] 万円

B　運用益=毎月 [　] 万円×積立利益ポイント [　] = [　] 万円

積立利益ポイント	10年	15年	20年	25年	30年	35年
1%で運用できた場合	6.1	14.1	25.6	40.7	59.6	82.6
2%で運用できた場合	12.7	29.7	54.8	88.8	132.7	187.5
3%で運用できた場合	19.7	47.0	88.3	146.0	222.7	321.6

C　iDeCoの所得控除減税額=毎月 [　] 万円×12カ月×
97ページの課税所得による合計税率 [　] %× [　] 年= [　] 万円

D　差し引くiDeCoの口座管理手数料= [　] 円×12カ月× [　] 年= [　] 万円
※最低手数料は月額171円です

ミニ知識

2023年までにNISAを始めた人の非課税期間は、一般NISAが5年、つみたてNISAは20年です。非課税期間が終わると、自動的に特定口座に移ります。その後に納める税金は、特定口座に移ったときの値段と売ったときの値段との差額の約20%です。NISA口座で買ったときと特定口座で売ったときとの差額に税金がかかるわけではないので、安心してください。

また、NISA口座がつくれるのは、1月1日時点で18歳以上の人です。なお、2023年までにジュニアNISAをしていた人は、子どもの年齢にかかわらず、全額を引き出すならいつでも売却できるようになり、使い勝手が良くなりました。

＊満期一括課税として計算しています。

第7章 教育費と子どものお金

この章のポイントとゴール

記入シートあります

GOAL

STEP 4 子どものマネー教育は家庭から →125ページ

STEP 3 子どもの保険も念のために確認 →122ページ

STEP 2 教育費は準備しやすいお金 →116ページ

STEP 1 国の子育てサポートを知る →113ページ

- 教育費の準備も学費を下げるワザもわかって安心♪
- おこづかいを欲しがったときがマネー教育のチャンスなのね
- 自治体サポートと災害共済給付があるから子どもの医療費は大丈夫！
- 3つのコツコツ積立で、私立大学の準備もクリア！
- 産休・育休・時短給付金。国のサポートは増えているんだ！

教育費っていくら準備したらいいんだろう…

子どものためにいろんなことを経験させてあげたいんです。でも、教育費にどこまでお金をかけたらいいのかわからなくて……

できるだけのことをしてあげたいのが親心ですよね。でも、教育費の支出と老後の貯蓄は表裏一体！ 教育資金は借りられても、老後資金は借りられません。優先順位をつけて、月々の教育費の上限を決めませんか？

子どもの希望に引きずられすぎてたかも!? 子どもと相談して、選ばせてみます

1. 妊娠や出産でもらえるお金は？

1-1 ママとパパがもらえるお金と、減らせる税金＆社会保険料

「おめでとうございます」と妊娠がわかったら、市区町村で妊婦健診助成の手続きを行います。妊婦検診助成制度を利用すると、検診時の自己負担額が減らせます。
　妊娠や出産にかかわるお金を受け取るためには、申請が必須ですよ。

妊娠から出産・子育てのお金の流れ

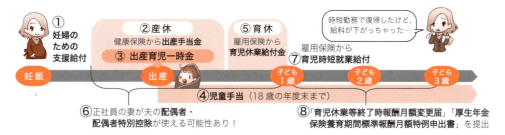

①妊婦のための支援給付は合計10万円

自治体には妊婦の相談支援事業があり、**妊娠届の提出で5万円、出産届の提出で子ども1人あたり5万円**の給付を受けることができます。

②産休（出産手当金）は給料の3分の2

会社員や公務員などの自分で職場の健康保険に加入している女性が、**出産以前6週間、産後8週間**の間に会社を休み、十分な給料が出ないときに受け取るお金が出産手当金です。**出産手当金1日あたりの金額は、給料1日分の3分の2***に相当する額で、**産休中の厚生年金保険料と健康保険料は、免除**されます。
　個人事業主の妻やフリーランスの女性に出産手当金はありませんが、届出により**国民年金保険料と国民健康保険料は、出産予定日の前月から4カ月間免除**されます。
　年金保険料を納めなくても老後の年金が減ることはないので、安心してください。

③出産育児一時金は50万円

健康保険から出産育児一時金として、**子ども1人あたり50万円**が受け取れます。病院で「直接支払制度」の手続きをすると、退院時の窓口負担が減らせます。

> 　出産費用の全国平均は約52万円。子ども1人合計60万円の給付でまかなえる！

＊給料1日分とは、出産手当金を受け取り始めた日以前12カ月間の各標準報酬月額の平均を30日で割った額のことをさしています。

④児童手当

0〜2歳までは月額1.5万円、3〜18歳の年度末（高校卒業）までは月額1万円の児童手当を受け取ることができます*。所得制限はなく、偶数月に世帯主の口座に振り込まれます。

🌱 子ども1人あたりの月額児童手当

	0〜2歳	3歳〜18歳
第1子・第2子	1万5,000円	1万円
第3子以降	3万円	

※第3子とは、22歳までにある子どもの人数で判定します。

⑤育休（育児休業給付金）の当初半年間は給料の67％

満1歳までの子育てのために会社を休む場合、雇用保険から**育児休業給付金**として、当初半年間は休む前の賃金の67％、半年経過後は50％を受け取ります。

育休は男性も取得でき、夫婦で子育てするための3つの制度があります。

ひとつめは、ママの産後負担を軽くするための「**産後パパ育休**」、2つ目は、夫婦で育休を取ると子どもが1歳2カ月になるまで取得できる「**パパ・ママ育休プラス**」、そして3つ目は、**子どもが生まれてから男性は8週、女性は16週以内に夫婦それぞれ14日以上の育休を取得すると、最大28日間、休む前の賃金の80％が受け取れる「出生後休業支援給付」**です。給料の手取額は約8割のため（24ページ参照）、育休当初の1カ月間は働いているときと同じ手取収入になります。出生後休業支援給付があると、育休中の収入が減る不安を小さくできますね。

また、育休中の厚生年金保険料と健康保険料は免除されます。2026年10月からは、自営業者などの国民年金第1号被保険者の国民年金保険料も、子どもが1歳になるまで免除されます。免除されても老後の年金額は減らないから、安心です。

🌱 夫婦の産休・育休・時短勤務活用の例（金額は月額換算の目安額）

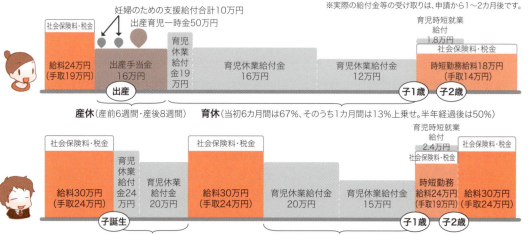

*所得が少ないひとり親には児童扶養手当、障がいのある子どもがいる場合は特別児童扶養手当もあります。

⑥正社員の妻が税金上の夫の扶養に入るチャンス！

　出産前後は、妻が正社員でも税金上の扶養に入れる可能性があります。

　実は、出産育児一時金や出産手当金、育児休業給付金、育児時短就業給付金、傷病手当金は非課税。つまり、**1月1日から12月31日の間に、産休や育休前後に受け取った妻の給料が201.6万円未満なら、夫は配偶者控除や配偶者特別控除が使え、夫が納める税金は安くなります**（157ページ参照）。

　復帰した際の子どもの保育料は、前年の市町村民税の所得割の夫婦合計額で決まるため、使える控除を忘れないように申告しましょう＊。

⑦育児時短就業給付

　2歳未満の子どもを育てながら時短勤務で働く人は、雇用保険から**時短勤務期間中の給料の10％を受け取る**ことができます。この給付があると、時短勤務期間中の収入減少が抑えられるし、保育料に充てることもできますね。

⑧時短勤務でも老後の年金が不利にならない申請2つ

　産休や育休復帰後に時短勤務をすると、給料は減るのに休む前の高い給料に応じた社会保険料を納めなければなりません。そこで、会社を通じて年金事務所に「**育児休業等終了時報酬月額変更届**」を提出すると、復帰4カ月目からの減った時短勤務の給料に応じた少ない社会保険料に変更されます。

　ただし、社会保険料が下がると将来の年金も減ってしまうため、「**厚生年金保険養育期間標準報酬月額特例申出書**」＊も提出して、老後の年金は産休・育休前の高い給料で計算する手続きを行います（最長子どもが3歳まで）。これなら年金は減らないから、老後も安心です。

FP彩ちゃんの ココだけの話

　共働き夫婦の「子どもはどちらの扶養にするか」は、3つの場面で登場します。ひとつめは税金。子どもが16歳以上なら所得が高いほうの扶養にするとトクですが、15歳以下では影響ありません。ただし、住民税には非課税制度があります。パート収入の人の扶養にするとトクするケースがありますが、制度が複雑なため、自治体に確認してください。2つめの健康保険は、収入が高いほう、あるいは、同じくらいの収入なら健康保険（41ページ参照）の保障が手厚いほうを選びます。3つめの家族手当は、会社のルールで決まります。制度上は、たとえば税金は妻、健康保険は夫と別々に申請できますが、家族手当は健康保険と連動している会社が多いので、確認しましょう。

＊配偶者控除・配偶者特別控除の申告モレは、5年前の分までさかのぼって確定申告できます。
＊厚生年金保険養育期間標準報酬月額特例申出書は、2年前までさかのぼれます。

2. 教育費って、いくらかかるの？どうやって貯めるの？

　教育資金は、住宅資金や老後資金と合わせた人生三大資金のひとつです。ただし、教育資金は子どもの誕生と同時に入学時期も金額の目安もわかる、準備しやすいお金です。**子どもが高校卒業するまでの支出は毎月の収入でやりくりして、大学資金は子どもが生まれたらコツコツ準備**を始めましょう。

学校にかかる教育費と塾や習い事にかかる教育費

幼稚園～高校編

	幼稚園 公立	幼稚園 私立	小学校 公立	小学校 私立	中学校 公立	中学校 私立	高校 公立	高校 私立
学校教育費	8万円	19万円	12万円	111万円	19万円	114万円	35万円	77万円
学校外活動費	10万円	16万円	22万円	72万円	36万円	42万円	25万円	26万円
1年間の合計	18万円	35万円	34万円	183万円	54万円	156万円	60万円	103万円
1カ月あたり	2万円	3万円	3万円	15万円	5万円	13万円	5万円	9万円

	幼稚園 3年間 公立	幼稚園 3年間 私立	小学校 6年間 公立	小学校 6年間 私立	中学校 3年間 公立	中学校 3年間 私立	高校 3年間 公立	高校 3年間 私立
在学期間合計	55万円	104万円	202万円	1,097万円	163万円	468万円	179万円	309万円

出典：文部科学省「子供の学習費調査（2023年）」

※「学校教育費」：授業料、修学旅行代、給食費、生徒会費、教科書費、クラブ活動代、制服代など
※「学校外活動費」：参考書、問題集、家庭教師代や学習塾代、芸術やスポーツの月謝、交通費など
※各項目の数字は、四捨五入により、合計に差が発生することがあります。

大学編

	国立大 4年間	公立大 4年間	私立大文系 4年間	私立大理系 4年間	私立大医歯系 6年間
初年度（入学金と授業料等）	82万円	91万円	128万円	161万円	629万円
次年度以降	54万円	54万円	105万円	137万円	521万円
在学期間合計	244万円	252万円	443万円	573万円	3,232万円

出典：文部科学省「私立大学入学者に係る初年度学生納付金平均額（定員1人あたり）の調査（2023年）」
「国公私立大学等の授業料等の推移（2023年）」

🌱 留学費用の目安（授業料＋滞在費＋食費）

	3カ月	6カ月	1年
アメリカ	122万〜161万円	239万〜310万円	459万〜608万円
カナダ	86万〜103万円	163万〜189万円	318万〜414万円
オーストラリア	84万〜107万円	162万〜200万円	319万〜386万円

出典：『留学ジャーナル』調べ（2024年）

2-1 教育費は、無償化方向に手厚く変化

教育費が原因で出産を迷うことがないように、無償化支援策が広がっています。

①保育園の利用料は住民税で決まる

保育料は自治体によって大きく異なり、**前年の住民税の「市町村民税所得割」**＊（156ページの住民税決定通知書の❸参照）の夫婦の合計額で決まります。

そこで、妊娠がわかった頃からiDeCoを行ったり、医療費控除の申告モレがないように注意したりして、計画的に住民税の軽減対策を行っておきましょう。なお、ふるさと納税は住民税の減額には役立ちますが、保育料の軽減や無償化の判定には無関係です。

また、きょうだいが同時＊に園に通う場合は2人目半額、3人目は無償です。最近は、2人目から無償の自治体も増えているため、自治体サイトで確認しましょう。

FP彩ちゃんの ココだけの話

保育料や授業料無償化の所得判定は、住民税で行います。

🌱 年収400万円と300万円夫婦の2歳児の保育料

例 大阪市の場合	iDeCoナシ	iDeCoで月23,000円をそれぞれ積立
市区町村民税所得割の合計額	169,200円	136,080円
月額保育料	45,100円	39,400円

たとえば、年収400万円と300万円の夫婦が2歳の子どもを大阪市の保育園に預ける場合、1カ月の保育料は45,100円です。でも、夫婦それぞれがiDeCoで毎月23,000円を積み立てると、所得税と住民税が安くなります（95ページ参照）。その結果、市区町村民税所得割の合計額も安くなるから、保育料は39,400円になり、1年間で約7万円も節約できます。60歳まで引き出せない老後資金目的のiDeCoですが、教育費の節約にも役立つし、1年に1回は掛金の変更もできるから、賢く制度を使っていきましょう！

＊政令指定都市に住む人の保育料は、市町村民税所得割額に6／8を掛けた金額で計算します。

②3歳からは保育園・幼稚園が無償化

幼稚園は3歳、保育園は3歳になった後の4月からの利用料が無償になります。給食費や通園のバス代などはかかりますが、平均月約6,000円の負担ですみます。

③高校無償化

高校には、国の「高等学校等就学支援金」制度があり、**公立高校は所得制限なく、年118,000円の給付**があります。

私立高校では2026年度から所得制限がなくなり、給付額は年457,000円になる予定です。ただし、2025年度は所得制限があり、「住民税の課税標準（156ページの住民税決定通知書の❹参照）×6％－調整控除（概ね1,500円）*」の夫婦合算額が154,500円未満の場合は年396,000円の給付、判定額が154,500円以上の場合は年118,800円です。

最近は、独自の支援策を行う自治体もあるため、最新情報は学校や自治体サイトで確認しましょう。

🌱 高校無償化の動き

	年収目安額	判定額：「住民税の課税標準×6%－調整控除（概ね1,500円）」の夫婦合計額	1年間の給付額	
			2025年度	2026年度〜
公立	所得制限なし		118,800円／年	
私立	約590万円未満	154,000円未満	396,000円／年	457,000円／年（所得制限なし）
	約590万円以上	154,000円以上	118,800円／年	

④大学も無償化支援

大学では「高等教育の修学支援新制度」として、**所得に応じた授業料の免除や減額制度**と、返済しなくてよい**給付型奨学金**や貸与型の奨学金制度があります。所得の判定は住民税をモトに、高校無償化判定と同じ計算式「住民税の課税標準（156ページの住民税決定通知書の❹参照）×6％－調整控除（概ね1,500円）*」で行われます。

また、私立大学では文系よりも理工農系の授業料が高いため、文系との差額分の減免制度も用意されています（所得制限があります）。ほかにも、大学生や大学院生などの**住民税の扶養控除の対象となる子どもが3人以上いる世帯では、所得制限なく、第1子から授業料・入学金が無償化**となります。ただし、子どもが3人いても、一番上の子どもが就職すると、扶養の対象となる子どもは2人に減るため、大学無償化の対象からは外れます。

＊同時に園に通うとは、幼稚園では上の子が小学校3年生までを指します。
＊政令指定都市に住む人の高校無償化の判定額では、「調整控除の額」に3/4を乗じて計算します。

🦋 大学の無償化支援策

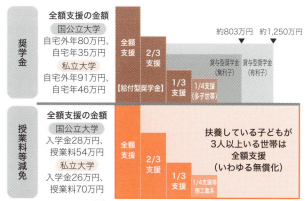

授業料全額支援が受けられるなら、私立大学の入学金26万円と授業料70万円の4年分で合計306万円の家計負担がなくなります。

2-2 教育資金は3本柱で貯まる

教育資金の準備は、子どもが生まれたときから**コツコツ積立**で行います。

児童手当は、すべて貯めると約240万円になります。これは、国公立大学4年間分の学費に相当する金額ですから、ひと安心できますね。

ただし、大学の8割は私立です。そこで、私立大学の学費を準備したい人は、児童手当とは別に、子どもが生まれたときから月1万円を積み立てましょう。すると、大学に行く18年後には約220万円貯まります。<u>児童手当＋月1万円の積立で、合計約460万円の私立大学文系の資金が実現</u>します。

私立大学理系に進学したときのお金を準備したい人は、児童手当＋月1万円の積立に加えて、保育園の無償化で浮いたお金の「つもり貯蓄」を行うか、月1万円の積み立てを5,000円増額して月1万5,000円の積立を行いましょう。すると、<u>3本柱の合計で私立大学理系の約570万円の準備</u>ができますよ。

🦋 3つのコツコツ積立で教育費を準備する

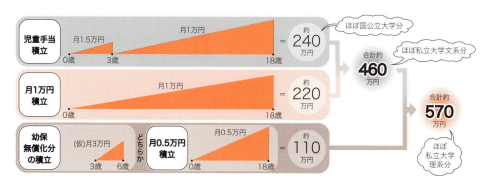

2-3 教育費の積立商品

教育資金のコツコツ積立には、主に5つの方法があります。

ひとつの商品で目標額をすべて準備するのではなく、**進路や家計などの将来の変化に対応できるように、2つ以上の方法を組み合わせて準備**しましょう。

たとえば、投資信託はプロが運用しますが、値動きがあります。そこで、15年以上の積立期間を目指しつつ、預貯金を組み合わせておくと、増える楽しみが期待できますし、値下がったときは、預貯金から先に使って投資信託の値段が戻るのを待てますよ。

🌱 **教育資金の準備方法**

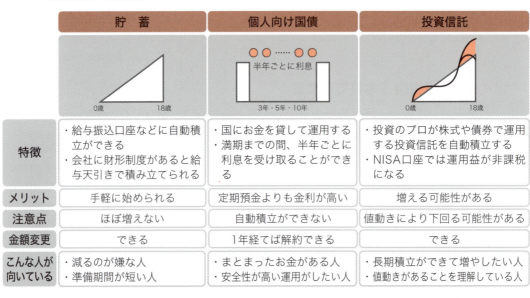

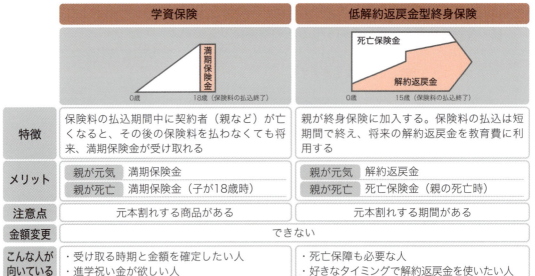

2-4 教育資金が足りないときは、奨学金を使う！

子どもの進学先によって教育費は変わりますし、平均月額約7万円の仕送りが必要になることもあります（全国大学生活協同組合連合会調査）。そこで、足りないときは思い切って借りると割り切りましょう。

最近は、子ども自身が学費を借りて卒業後に返済する奨学金や、給付金の利用が広がっています。奨学金の利用率は高く、大学生の55％が利用しています（独立行政法人日本学生支援機構「2022年度学生生活調査」）。

利用するときは利息負担を減らすために、**「返済不要の給付奨学金→返済が必要な無利子の奨学金→返済が必要な有利子の奨学金→低金利の国の教育ローン→銀行や保険会社からの借り入れ」**の順に検討するのがコツです。

▼ 主な奨学金制度と借入先の例

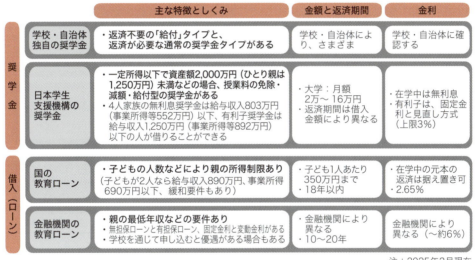

注：2025年2月現在

「子どもに十分な教育を受けさせたい」「老後は子どもに迷惑をかけたくない」というのが親の想いでしょう。でも、**教育ローンや住宅ローン、カーローンはありますが、老後ローンはありません**。利用目的が自由なフリーローンは高金利ですし、住宅を担保にお金を借りるリバースモーゲージ＊や不動産担保型生活資金貸付制度＊は、誰もが利用できるわけではありません。

教育費を聖域にせず、まずは奨学金を借りておき、親自身の老後資金のめどが立てば子どもの代わりに返済する選択肢も考えてみてください。

教育費は借りられても、老後資金は借りられない。子どもに負担をかけたくないからこそ、親が準備できる教育費の目安を早めに伝え、親自身の老後準備を始めよう。

＊リバースモーゲージ、不動産担保型生活資金貸付制度とは、高齢者が現在住んでいる自宅（持ち家）を担保にして生活資金を借り、その人が亡くなったときに、その自宅を売って借りたお金を返す制度です。

3. 子どもの保険は、入ったほうがいいの？

3-1 子どもの保険の優先順位は低い

　子どものケガや病気をきっかけに、子どもの医療保険や共済を考える人も少なくありません。でも、子どもも健康保険に加入しています。**小学校入学前までの自己負担は2割**ですみますし（40ページ参照）、**健康保険よりも手厚い給付を実施している自治体がほとんど**です。子どもの医療費負担は少ないのです。

🌱 自治体の乳幼児・子ども医療費助成制度の例

	医療費の自己負担
東京 (世田谷区)	18歳の年度末まで入院・通院の両方が無料
大阪市	●18歳の年度末まで入院・通院に対して、1病院ごとに1日あたり最大500円の負担（月2日限度。3日目以降の負担なし） ●1カ月の自己負担が2,500円を超えた場合は、申請すると後日払い戻しあり
福岡市	●通院は3歳未満は無料、3歳以上18歳の年度末まで1病院ごとに1月あたり最大500円の負担 ●入院は18歳の年度末まで無料

注：2025年2月現在

> 引っ越しするなら、自治体サービスが手厚いところだな。
> 自治体のホームページもちゃんと見てみよう！

3-2 学校でのケガは医療費ゼロ円＋お見舞金がもらえる！

　子どもが大きくなって学校に通うようになると、手が離れてホッとする一方、そばにいない分、事故やケガなどの心配が出てきます。
　でも、学校でケガをした場合には、独立行政法人**日本スポーツ振興センター**の「**災害共済給付**」制度があるから、最終的な医療費負担はありません。
　災害共済給付は、**学校内や登下校中、部活や修学旅行などの学校の管理下でケガをしたときの保険**です。
　初診から完治までに**医療費が5,000円（3割負担で1,500円）以上かかった場合**

に、自己負担した医療費に加えて、お見舞金として医療費の1割分の給付金が受け取れます。また、学校でのケガで入院をしたときは、入院時の食事代も受け取ることができます。

左ページの乳幼児・子ども医療費助成制度が利用できるときは、自治体により手続きが異なります。詳しくは学校や自治体に確認してください。

日本スポーツ振興センターの災害共済給付（3割負担した場合）

災害共済給付は学校単位で加入し、幼稚園・保育所の約8割、小学校・中学校・高校では、ほぼ100％が加入しています。手元に保険証券はありませんが、加入同意書を提出し、学校と保護者とで掛金を支払っています。学校の管理下でケガをしたときは、忘れないように請求してくださいね。

時効は2年です。卒業していても、転校していても、ケガをしたときに在籍していた学校を通じて請求できますよ。

FP彩ちゃんの ココだけの話

実はわたし、ファイナンシャル・プランナーになる前、中学校と高校の養護教諭、いわゆる保健室の先生をしていました。その頃、毎月のように行っていたのが災害共済給付の請求です。

たとえば、骨折入院の医療費が100万円かかった場合。通常なら高額療養費制度を使った自己負担額約9万円と入院中の食事代約3万円で合計12万円の負担です。でも、これが子どもの学校生活や部活中のケガなら、負担した高額療養費と食事代に加えて医療費の1割（10万円）のお見舞金が上乗せされるため、合計22万円が受け取れます。また、自治体の子ども医療費助成制度で医療費の自己負担が無料なら、負担するのは食事代だけですが、それでも災害共済給付から医療費の1割と食事代の合計で13万円受け取れるのです。これだけあれば学校や部活でのケガの不安は小さくなりませんか？

なお、災害共済給付制度は学校から直接病院に行ったときだけでなく、学校から帰宅して、翌日受診したようなときも対象になります。請求モレがないように気をつけてくださいね。

3-3 それでも子どもの保険に入るなら、ケガ重視か入院重視かを決断する

　子どもには、自己負担が2割または3割ですむ健康保険に、自治体の乳幼児・子ども医療費助成制度、さらには災害共済給付があります。それでも子どものもしもに備えたい場合は、ケガ重視か入院重視かを考えましょう。「ケガを手厚く保障したい」場合は、共済や損害保険会社の傷害保険*を、「一生の入院に備えたい」場合は、生命保険会社の終身医療保険を検討してみてください。

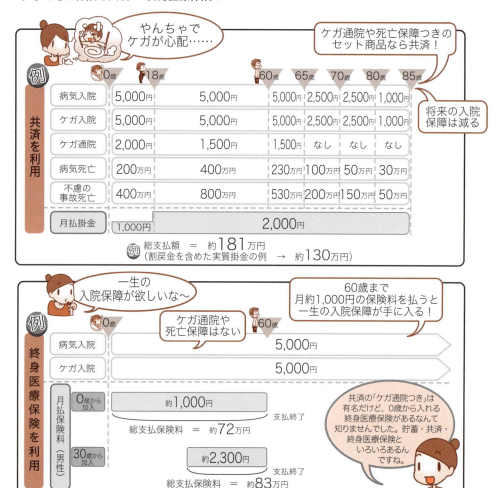

　最近は、「人にケガをさせたときのため」「自転車事故をおこしたときのため」と、個人賠償責任保険への関心が高まっています。81ページの個人賠償責任保険には、必ず目を通しておきましょう。

＊傷害保険とは、ケガによる通院や入院、死亡などを保障する損害保険会社が扱う保険です。

4. 子どものマネー教育は、何から始める？

大人になってから、「もっと早くお金のことを知りたかった」と思ったことはありませんか？

2022年度から高校家庭科で金融教育が始まりましたが、子どもがお金に興味を持ったときが、マネー教育の始め時。子どもが小学生になったら毎月決まった金額のおこづかいを渡して、お金を上手に使うトレーニングを始めましょう。

子どもにお金を持たせることに不安を持つ人もいますが、親が「必要なもの」「不要なもの」を判断していると、子どもは判断力を持たないまま、親の価値観や判断基準で育ちます。そして、働くようになってからいきなり自分で「必要なもの」「不要なもの」を判断し、決まった収入の中でやりくりしなければならなくなります。その大変さは、あなたも経験されたことでしょう。

そこで、「お金カレンダー®」＊を使ってみませんか？

お金カレンダー®は、1カ月のお金の動きを「見える化」することで、**①計画する力が身につく、②お金は使うとなくなることがわかる、③お金が貯まったら高いものが買えることを実感できる**、おこづかいの管理グッズです。

おこづかいをあげるときは、「はい、500円」と500円玉であげるのではなく、10円玉や50円玉などできるだけ小さな硬貨で渡します。お金をもらった子どもは、1カ月の予定と予算を考えながら、お金カレンダー®のポケットに硬貨を入れ、予定の日が来たらお金を取り出して使います。

最初はおこづかいをもらったことが嬉しくて、計画性なく使うこともあるでしょう。失敗して泣いたり、おこづかいが足りなくて怒ったりすることもあるかもしれません。でも、金額が小さいからこそできる失敗経験と、お金を使う楽しさや喜びを感じることが大切なのです。

なお、一度あげたおこづかいの使いみちは、子どもの自由です。どんなに口出ししたくても、グッと我慢してくださいね。親が子どもの意思や行動を尊重することも、マネー教育では重要なのです。

おこづかいの上手な使いかた

「お金カレンダー®」

＊「お金カレンダー®」は著者ホームページ、またはマネカレ企画にて案内しています。薬や小物入れ用のウォールポケットでも代用できます。

第8章 マイホームと住宅ローンのコツ

この章のポイントとゴール

GOAL: 安心して買えるマイホームが手に入って未来が楽しみ♪

STEP 4 借りた後もオトクに返そう →143ページ
　繰上返済もがんばるぞ〜！

STEP 3 団信・住宅ローン控除を味方につける →141ページ
　団信の選びかたも住宅ローン控除もばっちり♪

STEP 2 固定金利・変動金利の選びかたを知る →136ページ
　将来の金利と家計の見通しが、金利選択のカギなのね

STEP 1 無理なく買えるマイホーム予算を知る →129ページ
　安心して買えるマイホームの金額は計算できるんだ！

記入シートあります

家を買っても本当に大丈夫かな…

マイホームを買いたいけれど、いくらのローンが組めますか？ 無理なく買える予算が知りたいです

その答えは、本のカバー裏の「家計の将来シミュレーション」を作ると見つかります。住宅ローンだけじゃなく、買った後の家計や子どもの教育費、老後の生活まで試算できるから、将来が「見える化」できますよ

わかりました！ エクセル版をダウンロードして、マイホームプランを立ててみます

1. 賃貸と購入、どっちがオトク？

マイホームを考え始めると、誰もが一度は悩むのが「賃貸と購入では、どっちがトクか？」ということでしょう。高い買い物だからこそ、ソントクを気にする気持ちはよくわかります。でも、次の図からわかるように、**どっちがトクかは、比べる条件次第**です。

シミュレーションの条件でソントクが変わるからこそ、「どちらがトクか？」ではなく、「**マイホームを買ってどんな生活を送りたいのか**」「**家を買うことで何を得たいのか？**」など、**あなた自身の価値観から考えて**、納得のいく答えを見つけてください。

🌱 賃貸と購入、どっちがオトク？

もしも、あなたがこんな買いかたをするとしたら、大変ですよ!?

マイホームは、買ってからがスタートです。計画買いを目指しましょう！

🌱 賃貸と購入のメリット・デメリット＆マンションと一戸建てのメリット・デメリット

	購入	賃貸
メリット	● 立地や間取りなど、自分好みの住宅を手に入れることができる ● リフォームが自由にできる ● ローン完済後の住居費の負担が軽くなる	● 住み替えがしやすい ● 管理やメンテナンスの手間がかからない
デメリット	● 固定資産税やメンテナンスなどの費用がかかる ● 住宅ローンに縛られるため住み替えが難しい	● 老後も家賃を支払わなければならない ● リフォームが自由にできない

	マンション	一戸建て
メリット	● 駅近くの物件が多い ● 土地代が少ない分、一戸建てと同じ予算なら広めの物件が多い ● セキュリティや管理、共用設備が充実	● 土地の資産価値が期待できる ● ペットが自由に飼える ● 増改築やリフォームが自由 ● 管理費や修繕積立金が不要
デメリット	● 管理費や修繕積立金、駐車場代などがかかる ● ペットの可否などのルールがある ● 遮音性の問題がある	● 駅から離れる物件が多い ● 家のメンテナンスやゴミ当番などすべて自分で行わなければならない

2. 無理なく買えるマイホームはいくら？

2-1 自己資金を増やす方法を考える

　家を買うときに、必ず用意したいお金が自己資金です。**物件価格の10％の頭金と、諸費用として物件価格の5～10％を自己資金として準備しましょう。**

　自己資金の割合が多いと、フラット35のように金利を優遇してくれる住宅ローンがあります。同じ金額の物件を買うのなら、自己資金が多いほどローンの金額は減るから、その分利息負担も減らせます。その一方で、金利と住宅ローン控除と納税額から判断すると、自己資金があってもあえてローンを借りたほうがオトクなケースもあります。自己資金を増やすことで、自分に合った買いかたの選択肢や物件探しの幅が広がります。

　この本では細かな節約術には触れていませんが、1日500円の支出を節約できると、1カ月では15,000円です。このお金があれば頭金を増やしたり、住宅ローンの返済に充てたりできます。毎日の習慣や34ページの固定費で見直せるところがないか、振り返ってみてくださいね。

　自己資金を増やす計画で意外と重要なのが、親や祖父母からの援助です。

　自分たちだけでがんばりたい気持ちもあると思いますが、もしかしたら、親ごさんは「子どもが家を買うのなら、少しはお金を出してあげよう」とか、「自分たちの収入で買える家を買いなさいとは言ったけれど、買った後は大変だろうから、新居祝いでまとまったお金をあげよう」と、考えてくれているかもしれません。

　実は、親や祖父母から家を買う前にもらったお金なら、贈与税がゼロ円になる住宅取得等資金の贈与の特例があります。でも、家を買った後にお金をもらったら、贈与税を払わなければならないことがあるのです。

🌱 住宅取得等資金の贈与の特例

2026年12月末まで	非課税枠
省エネ・耐震・バリアフリー等住宅	最大1,000万円
その他住宅	最大500万円

　住宅取得等資金の贈与の特例とは、家の引き渡しまでに父母や祖父母から家を買うためのお金をもらい、翌年3月15日までにその家に住む場合、もらったお金の一定金額まで贈与税がかからない制度のことです。なお、特例を使って贈与税がゼロ円の場合でも、**翌年の3月15日までに贈与税の申告が必要です**（160ページ参照）。

親からの援助を受ける方法

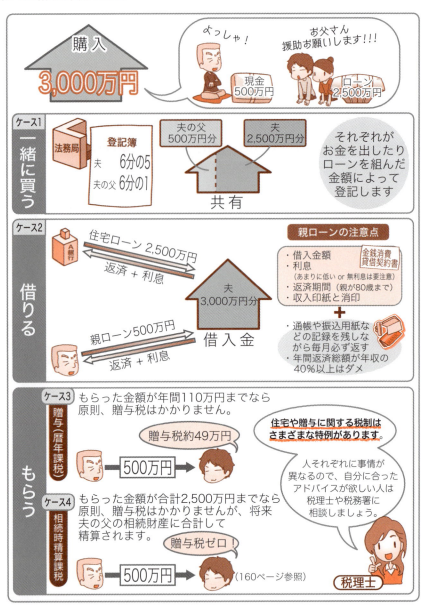

マイホームの名義の割合は「(自己資金＋住宅ローン金額)÷物件価格」で決まります。どんなに夫婦仲がよくても、夫が3,000万円の全額ローンで買った家を名義半々にすると、妻は贈与税を納めなければなりません。仮に、妻が30万円を出すと妻1・夫99の共有名義にできます。正しく登記してくださいね。

なお、家を買って貯蓄がなくなると、急な支出に対応できません。マイホーム購入後も**収入の6カ月分の貯蓄と、2〜3年先のライフイベントの予算は残す**ようにして、**頭金はコツコツ積立**で計画的に貯めましょう。

2-2 「借りられる」金額ではなく、「返せる」金額を借りる

モデルルームや住宅展示場に行くと、素敵な間取りや内装に目を奪われます。

そんなとき、「年間返済額は年収の35％まで大丈夫です。あなたの年収なら4,000万円まで借りることができますよ」と教えてくれる営業の人がいるかもしれません。「そんなに貸してくれるんだ！」と気持ちを大きくしても、借りたローンを返すのは自分です。

25ページの手取年収に書き込んだとおり、年収からは社会保険料や税金が差し引かれるので、手取収入は年収の8割に減ってしまいます。その8割の中で、日々の生活費や教育費、保険料、老後の貯蓄などをまかない、住宅ローンを何十年と支払うわけです。無理なく返せるローンを長期目線で考えましょう。

住宅ローンは「借りられる金額」ではなく、「無理なく返せる金額」を借りること。

さらに家を買うときは、毎月のローンの金額だけでなく、ローン以外に発生する維持費も含めて検討します。

マイホームを買った後は、一戸建てもマンションも固定資産税や都市計画税を毎年納めます。固定資産税などの金額は、地域や広さ、建物の構造などによって変わりますが、年間10万円〜20万円は予算取りしておきましょう。なお、新築住宅の建物部分には、マンションは5年、一戸建ては3年間固定資産税が半額になる特例があります（長期優良住宅はマンション7年、一戸建て5年）。

2-3 無理なく買える物件価格を知る

無理なく買えるマイホームの金額は、次ページの記入シートに沿って、3ステップで考えます。

まずは現在の家計をベースに、STEP1「無理のない毎月返済額を考えよう」です。

一戸建てを買った場合、毎月かかるのは住宅ローンだけですが、マンションでは、管理費・修繕積立金、車があれば駐車場代などもかかります。これらの支出を差し引いた金額を、無理のない毎月返済額として見積もりましょう。

🌱 無理なく買えるマイホームの金額の求めかた

❶ 無理のない毎月返済額を考えよう

- 一戸建てを買いたい人 … 今の家計で無理のない住居費の予算が、そのまま住宅ローンの毎月返済額の目安になります
- マンションを買いたい人 … 今の家計で無理のない住居費の予算から、管理費・修繕積立金の平均額である約2.5万円※と、車がある人は駐車場代も差し引いた金額を、住宅ローンの毎月返済額の目安として考えましょう

例： 一戸建てなら 7 万円　マンションなら 5 万円　無理のない毎月の返済額 ☐ 万円/月

※平均管理費：11,503円、平均修繕積立金：13,054円（国土交通省「2023年度マンション総合調査」より）

❷ 無理なく返せる借入金額を求めよう（元利均等返済*の場合）

単位：万円

毎月返済額	期間	0.5%	1.0%	1.5%	2.0%	2.5%	毎月返済額	期間	0.5%	1.0%	1.5%	2.0%	2.5%
5万円	20年	1,141	1,087	1,036	988	944	8万円	20年	1,826	1,740	1,658	1,581	1,510
	25年	1,409	1,327	1,250	1,180	1,115		25年	2,255	2,123	2,000	1,887	1,783
	30年	1,671	1,555	1,449	1,353	1,265		30年	2,673	2,487	2,318	2,164	2,025
	35年	1,926	1,771	1,633	1,509	1,399		35年	3,081	2,834	2,613	2,415	2,238
6万円	20年	1,370	1,305	1,243	1,186	1,132	9万円	20年	2,055	1,957	1,865	1,779	1,698
	25年	1,691	1,592	1,500	1,416	1,337		25年	2,537	2,388	2,250	2,123	2,006
	30年	2,005	1,865	1,739	1,623	1,519		30年	3,008	2,798	2,608	2,435	2,278
	35年	2,311	2,126	1,960	1,811	1,678		35年	3,467	3,188	2,939	2,717	2,518
7万円	20年	1,598	1,522	1,451	1,384	1,321	10万円	20年	2,283	2,174	2,072	1,977	1,887
	25年	1,973	1,857	1,750	1,652	1,560		25年	2,819	2,653	2,500	2,359	2,229
	30年	2,339	2,176	2,028	1,894	1,772		30年	3,342	3,109	2,898	2,705	2,531
	35年	2,696	2,480	2,286	2,113	1,958		35年	3,852	3,543	3,266	3,019	2,797

❶で記入した「無理のない毎月の返済額」を ☐ 万円とすると、返済期間 ☐ 年、金利 ☐ %の条件なら、「無理なく返せる借入金額」は❷ ☐ 万円です。

❸ 無理なく買えるマイホームの金額を知ろう

自己資金：無理なく返せる借入金額❷ ☐ 万円 ＋ 援助 ☐ 万円 ＋ 頭金 ☐ 万円　÷1.05※ ＝ 安心して買える物件価格 ☐ 万円

※諸費用を5%と見積もっています
※中古物件は1.08を使います。
※千の位は四捨五入
〔実用新案登録第3184869号〕

たとえば、無理なく返せる借入金額2,113万円、親からの援助500万円、頭金450万円の場合の合計金額は3,063万円ですが、諸費用等を差し引いた物件価格は2,917万円です。

*元利均等返済とは、毎月の返済額が一定で、その中の元金と利息の割合が変わる返済方法です（140ページ参照）。

次は、STEP2「無理なく返せる借入金額を求めよう」です。**金利と返済期間を考えましょう。**

　住宅ローンの完済期間は、一般的に35年か80歳までの短いほうになります。最近は50年ローンもありますが、まずは35年で借りることを考えてみましょう。

　なお、「定年までに返し終わりたい！」と考える人は多いのですが、返済期間を短くしすぎると、希望する金額を借りることができなかったり、毎月の返済額が重荷になってしまったりします。いったん借りた住宅ローンの期間を後から延ばすことはなかなかできませんが、後から繰上返済で早く返すことはできます。

　住宅ローンは長期間続きますから、「がんばれるはず」という気力だけでなく、無理なく返済できる期間を冷静に考えましょう。**返済期間は1年、または1カ月単位で設定できますよ。**

　左ページのSTEP2の表は、毎月の返済額と返済期間でわかる借入額の目安です。

　たとえば、毎月返済額が7万円なら無理なく返せるという場合、35年返済、金利2％なら2,113万円のローンを組むことができます。

　自分の予定していた返済額がこの表にないときは、組み合わせて使ってください。たとえば毎月返済額が13万円のときは、5万円と8万円の合計額を、毎月返済額が4万円のときは8万円の半分を計算して使います。

> 返済額と返済期間が同じなら、金利が低いほど金額の大きいローンを組むことができて、返済額と金利が同じなら、返済期間が長いほど金額の大きいローンを組むことができるんですね。

　最後は、STEP3「無理なく買えるマイホームの金額を知ろう」です。
「無理なく買えるマイホームの金額（物件価格）」は、STEP2の「無理なく返せる借入金額」と自己資金の合計額を、1.05で割り戻して求めます。

　マイホームを買うときは、印紙税や不動産取得税、登録免許税に固定資産税の清算金、司法書士への報酬、ほかにもローン契約の手数料・保証料、火災保険料、地震保険料などで、**物件価格の5〜10％の諸費用**がかかります。そこで、諸費用を5％と見積もって計算したのが、左ページの記入シートです。中古物件などで「物件価格×3％＋6万円」の仲介手数料が必要な場合は、1.05ではなく、1.08を使って計算してください。ここで計算した金額が無理なく買える物件の予算です。

　物件を見始めると、だんだんと予算が上がってしまうことはよくある話。最初は**少し低い価格の物件から見て回る**のがコツです。物件によっては門や庭木、ベランダの屋根などの外構工事費は、マイホームの本体価格と別扱いです。本体価格だけでなく、完成までの総額も確認しましょう。

くれぐれも「一生に一度の買い物だから」と盛り上がりすぎず、「次の購入希望者が待っている」と言われても焦らず、落ちついて検討してくださいね。
　なお、「無理なく買えるマイホームの金額」が予想よりも少なくてがっかりした人は、今が家計の見直しのチャンスです。第1章でお伝えした通信費や、第2章・第3章の保険などの固定費を見直して、希望のマイホームを手に入れるためのお金を用意しましょう。

共働き世帯がマイホームを買う場合、3つのパターンがあります。ローンをきっかけに、これからの夫婦の働きかたや将来の計画について話し合ってみてください。

	単独ローン	ペアローン	収入合算	
概要	夫婦のどちらか1人だけが住宅ローンを借りる	夫婦それぞれが、同じ金融機関でローンを借りる	夫婦の収入を合わせた金額を上限としてローンを借りる（下記の例は夫がメインの場合）	
借入可能額	1人分の収入に応じた金額	それぞれの収入に応じた金額	メインとなる収入者（夫）に、収入合算者（妻）の収入を合わせた金額。ただし、収入合算する際の年収（妻）の割合は、金融機関により異なる	
夫	ローン契約者（債務者）	ローン契約者（債務者であり妻の連帯保証人）	ローン契約者（債務者）	ローン契約者（債務者）
妻	―	ローン契約者（債務者であり夫の連帯保証人）	夫の連帯債務者＊	夫の連帯保証人＊
団体信用生命保険の加入（141ページ参照）	夫のみ加入（妻はローンなし）	夫婦それぞれが加入。ペアローン団信の場合は、夫婦どちらかが亡くなればすべて保険で完済	夫が加入する（フラット35のデュエットは夫婦どちらかが亡くなればすべて保険で完済）	夫のみ加入
住宅ローン控除の利用（142ページ参照）	夫のみ可能（妻はローンなし）	夫婦共に可能	夫婦共に可能（利用額は持ち分に応じて決定）	夫は可能だが、妻は利用できない
こんな人が向いている	・1人分の収入で必要なローン金額を借りることができる人 ・住宅ローンの返済を1人に集中させたい人	・それぞれ単独でローンが借りられる人 ・ローン金額に応じた共有名義で、夫婦でローン返済したい人	・収入合算なら希望する金額を借りられて、納税しているパートナーも住宅ローン控除を利用したい人	・1人では十分な金額を借りられず、パートナーの収入も不安定だが、希望するローン金額を借りたい人

＊「連帯債務者」とは、借りた金融機関に対しての返済責任を同等に負う借りかたです。
＊「連帯保証人」とは、ローンを借りた人が返せないときに、返済の責任が発生します。

3. 住宅ローンを選ぶポイントは？

3-1 住宅ローンは諸費用を含めた総額で比較する

住宅ローンを選ぶとき、最初に気になるのは金利でしょう。金利は、ほかの金融機関と比べやすいので、低いところに目がいきがちです。ただし、キャンペーン金利には、最初だけ大きな優遇があるものと、優遇率は下がるけれど返済期間終了まで優遇が続くものと、2パターンあります。また、**金利は低くてもローンの諸費用が高いと、総支払額は高くつくことがある**ので注意が必要です。

金融機関に支払う諸費用には、「**保証料**」タイプと「**手数料**」タイプがあります。保証料タイプの一括前払い型では、繰上返済をして当初予定期間よりも早く返済し終わった際には、保証料が一部戻ってくる可能性があります。でも、手数料タイプは早く返済しても戻ってきません。

また、同じ金融機関でも、ローンの手数料が借入金額の〇％という「**定率型**」と、借入金額にかかわらず一律〇万円という「**定額型**」の2種類から選択できるところがあります。

どのタイプが自分に向いているかは、繰上返済も含めて最終的に何年間で完済できるかの見込期間から検討しましょう。多くの金融機関のサイトでシミュレーションできますよ。

🌱 借りかた次第で総額は変わる

借入金2,500万円、35年返済、元利均等返済						
	フラット35		**フラット35S**	**銀行独自ローン**		
諸費用と条件	自己資金が物件価格の1割以下	自己資金が物件価格の1割超あり	自己資金が物件価格の1割超あり	融資手数料型	保証料一括前払い方式	保証料金利上乗せ方式
金　利	2.0%	1.89%	1.14% (6年目〜1.89%)	1.86%	1.89%	2.09%
総返済額	3,478万円	3,419万円	3,318万円	3,403万円	3,419万円	3,527万円
手数料タイプ	55万円	55万円	55万円	55万円	ー	ー
保証料タイプ	ー	ー	ー	ー	52万円	9万円
総支払額 (総返済額＋諸費用)	3,533万円	3,474万円	3,373万円	3,458万円	3,471万円	3,536万円
団体信用生命保険	あり					

注：2025年2月現在

第8章　住宅ローン

3-2 固定金利と変動金利の特徴を知ろう

住宅ローンを借りる際、「固定金利」か「変動金利」かは悩むところでしょう。

固定金利はその名前のとおり、最初に決めた期間は金利が変わりません。それに対して変動金利は、世の中の金利の変化に応じて半年ごとに金利が見直されます。また「固定金利選択型」では、当初一定期間は固定金利が続き、固定金利期間が終わると、そのときの金利で固定金利か変動金利かを選択します。

固定金利・固定金利選択型・変動金利の特徴比較

	固定金利	固定金利選択型	変動金利
	景気が良くなってる気がするから金利は上がっていくと思う！ 世の中の金利 変動金利 固定金利 有利！	次の金利はその時の金利状況で決まる 一定期間は固定金利	まだまだ景気は悪い。金利は下がっていくと思う 固定金利 変動金利 世の中の金利 有利！
特徴	・借入期間中の金利が全期間変わらない	・最初に決めた期間中の金利は変わらず、一定期間終了後はそのときの金利で固定金利か変動金利かを選択する	・世の中の金利に応じて、半年ごとに金利が見直される（実際の返済額が変わるのは5年おき。そのときも1.25倍までの上限あり）
こんな人が向いている	・金利の変動にドキドキせず、安心して返済したい人 ・返済額が上がったときの家計にゆとりがない人	・当面の低金利を活かして、ひとまず安心が欲しい人 ・固定金利期間終了時の金利上昇に備えて、繰上返済の目安がつく人	・低金利をチャンスとして、いざとなったら繰上返済できる余力がある人 ・金利の動きに興味がある人
メリット	・金利変化に左右されない ・返済額が完済まで一定のため家計管理がしやすい ・金利上昇時でも借入金利が上がらないため安心	・長期の固定金利よりは金利を抑えることができる ・一定期間は金利に左右されず家計管理がしやすい	・低金利時には、返済額を少なくすることができる ・キャンペーン金利の種類や優遇が大きい ・金利下落時に有利
注意点	・世の中の金利が下がっても借入金利が下がることはない ・金利下落時には借り換え対策が必要	・固定金利期間終了後の金利がわからない ・固定金利期間終了後に金利が上昇していると、返済額が増える	・金利上昇時には借入金利も上昇する ・急激な金利上昇時には、未払い利息が発生することがある
例 金利例 （2025年 2月現在）	・フラット35（1.89%） ・フラット20（1.50%）	・3年固定金利（0.35%） ・10年固定金利（0.75%）	・変動金利（0.284%）

変動金利を選択した人は、途中で固定金利に変更できますが、固定金利選択型の固定金利期間中は、金利期間や変動金利への変更ができません。ローンを借りるときには、返済条件変更のルールを確認しておきましょう。

　また、変動金利の上昇や、金利優遇キャンペーン期間が終わった後の大幅な金利上昇に気がついていない人がいます。半年ごとに届くお知らせを、必ず確認してくださいね。

3-3 固定金利と変動金利の選びかた

　次のグラフを見ると、今が「低金利」ということがよくわかります。特に変動金利は金融機関が金利優遇に力を入れているため、実際の変動金利は0.5％を下回るところもあります。

　ただし、金利は少しずつ上昇しています。35年間固定金利の「フラット35」の2016年8月の金利は0.9％でしたが、現在は2％前後に上昇しています。住宅ローンの返済が最長35年にわたることを考えると、期待どおりの金利変化にならなかった場合の対策を考えておくことも重要です。

▼ 固定金利と変動金利の推移

出典：住宅金融支援機構
※固定金利：1985〜2007年4月は旧住宅金融公庫融資基準金利。2003年10月〜はフラット35の返済期間21年以上35年以下、融資率9割以下の平均金利、2017年10月からは、団体信用生命保険料込みの最低金利

　一般的に、**変動金利よりも固定金利のほうが金利は高く、同じ固定金利なら、短期よりも長期のほうが金利は高くなります。**

　ではなぜ、固定金利のほうが高いのでしょうか。

　お金を貸す金融機関の立場に立って考えてみましょう。変動金利は世の中の金利が高くなったら、それに合わせて金利を上げることができるので、金融機関が利息を取り損ねることはありません。でも、長期の固定金利はずっと同じ金利でお金を

貸すので、金利が上がると、金融機関は世の中の金利が上がった分の利息を取り損ねてしまいます。そこで、固定金利には将来の金利上昇分を上乗せしているので、固定金利期間が長いほど金利は高くなるのです。

家計と金利と借入時の気持ち

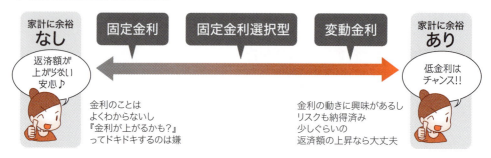

変動金利や短期の固定金利選択型の最大の魅力は、金利の低さです。
家計に余裕がある人や、将来金利が上がって返済額が増えても返せるゆとりがある人は、変動金利または短期の固定金利選択型を選ぶ余力がありそうです。

ただし、金利の低さだけに注目していると、金利が急上昇したときに痛い目にあうかもしれません。それが、**変動金利の未払利息**です。

毎月の返済額には、元金と利息の両方が含まれています。通常は、時間とともに利息は減っていきますが、金利が急上昇すると利息部分が返済額を上回り、元本が減らずに利息が増える「未払利息地獄」に陥ることがあります。

ほとんどの金融機関では、ローンを借りている人の急な返済額の増加を避けるために、「変動金利でお金を借りても5年間は返済額が一定で、5年後に返済額が増える場合でも1.25倍を上限とする」というルールを作っています。

しかしながら、このルールは金利上昇時でも「1.25倍しか返済額が増えない」のではなく、金利上昇時でも「1.25倍以上には返済ができない」ために、未払利息が増えるというデメリットにもなります。もちろん未払利息は、精算して払わなければなりません。

変動金利を選ぶのなら、**変動金利は借入金の一部に抑えたり、変動金利で借りる金額は借入期間を短くしたり、繰上返済をしたりして、金利上昇時の負担を少なくしましょう。**

> 固定金利か変動金利かを悩んだときは、固定金利と変動金利を組み合わせて借りる「ミックス金利」もあります。
> 夫婦でローンを借りるなら、返済期間と金利を夫婦それぞれに変えて借りることもできますよ。

　また、将来の金利上昇に不安を感じつつも低金利に惹かれ、「まずは変動金利で借りて、金利が上がったら固定金利に変えたらいい」と考える人もいらっしゃいます。でも、なぜ変動金利を選んだかを、思い出してみましょう。
　変動金利を選ぶ第一の理由は、固定金利よりも金利が低かったからですよね？ということは、**将来、変動金利が上がったときには、固定金利も今の水準よりも上がっている**と考えられます。だから、「金利が上がって返済が苦しいから、これ以上返済額が増えないように固定金利に変更する」というのは無理があるのです。
　変動金利から固定金利に変更するタイミングは、普段から金利の動向にアンテナを張っていて、「金利が上がりそうだ」と予想したとき。でも、そのタイミングを正確に予想することは、金融のプロでも難しいのが実情です。
　そこで、**将来返済額が増えると困る人や、金利の動向に一喜一憂するのを避けたい人は全期間の固定金利、または長期の固定金利選択型を検討**しましょう。

　代表的な固定金利ローンには、「フラット35」があります。フラット35は、フラット（平らな）という名前のとおり、最大35年間同じ金利が続く点が魅力です。
　ただし、**金利や手数料は金融機関によって異なるため**、複数の金融機関を比較して選びましょう。住宅金融支援機構のホームページでは、手数料と金利（元金と利息の総返済額）を含めた総支払額が試算できます。
　また最近は、金融機関独自の30年、35年、50年といった長期固定金利のローンも増えています。フラット35と比較検討して選びましょう。

　住宅ローンを借りる人にとって、現在の低金利は味方ですが、金利は少しずつ上昇しています。今の低金利が続くだろうという希望だけでなく、将来繰上返済できるかどうか、できるのなら何年で完済しそうかを考えて金利のタイプを決断することが重要です。
　そんなときに役立つのが、この本のカバーの裏面にある「家計の将来シミュレーション」です。これを作成すると将来の貯蓄額がわかるから、繰上返済のタイミングを想像することができますよ。

> **ポイント**
> 固定金利の高い金利がもったいないと思う人は、繰上返済で未来の利息を圧縮しよう！変動金利を借りる人は、いざとなったら完済できるように貯蓄をしよう！

第8章　住宅ローン

3-4 元利均等返済と元金均等返済

金利が決まったら、次はローンの返しかたです。住宅ローンの返しかたには、「元利均等返済」と「元金均等返済」の2つの方法があります。

元利均等返済は、毎月の返済額が一定で、家計管理しやすい点が特徴です。住宅ローンでは、一般的に元利均等返済が利用されています。

元金均等返済は、借り入れ直後の毎月返済額は多いのですが、返済期間が進むにつれて毎月の返済額が少なくなる点が特徴です。

元利均等返済は、元金均等返済よりも総返済額は多くなりますが、当初の返済額が元金均等返済よりも少ないので利用する人は多く、金融機関によっては元利均等返済しか取り扱っていないこともあります。

元利均等返済と元金均等返済、どこが違うの？

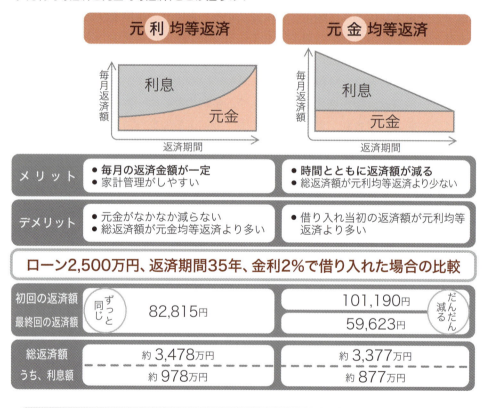

表を見ると総返済額では元金均等返済がオトクですが、**元金均等返済の毎月返済額を返済し続けることができるのなら、返済期間を短くして、元利均等返済で返したほうがオトク**です。元利均等返済、27年で返済すると、毎月返済額は99,922円、総返済額は約3,237万円、うち利息額は約737万円ですみますよ。

3-5 種類が増えた「団体信用生命保険」

住宅ローンとセットで考えるのが「団体信用生命保険」です。略して「団信」と呼ばれます。団体信用生命保険は、**ローンを借りた人がローンを残したまま亡くなったり、高度障がい*状態になったりした場合に、残りのローンが保険金で返済されるから、残された家族がローンを返す必要はなくなる**保険です。

団信の加入には、健康状態の告知が必要です。既往症によっては、金利が0.1〜0.3％高くなるワイド団信になることや、加入できないことがあります。

銀行独自のローンでは、団信の保険料が金利の中に含まれていて、団信の加入が必須です。そのため、健康状態が理由で団信に加入できない人は、加入が任意の「フラット35」を利用します（フラット35の団信に加入しない場合は、金利が0.2％下がります）。ただし、もしものときは遺族に返済義務が生じるため、残された家族の収入や現在加入している死亡保険金で返済できるのかを確認しておきましょう。

最近は共働き世帯の増加により、夫婦それぞれがローンを借りるペアローンが増えてきました。そこで、**夫婦どちらかが亡くなった場合に、亡くなった人のローンはもちろん、遺されたもうひとりの住宅ローンの残債も保険で返済される「ペアローン団信」**が広がっています（0.2％前後の金利が上乗せされます）。

また、がんや三大疾病などの備えがついた「特約付き団体信用生命保険」の種類も増えていますが、**もしものときにローンを払わなくてもよくなる条件は金融機関や団信のタイプによって異なります。**加入前に条件を確認しておきましょう。

🌱 がんの保障がついた団体信用生命保険の例

	A銀行			B銀行
	50％がん保障	100％がん保障	11疾病保障	三大疾病保障
金利上乗せ	なし	0.1％	0.2％	0.25％
がんと診断された場合	残高の50％が支払われる	全額が支払われる（完済）		全額が支払われる（完済）
その他保険金が支払われるケース	連続入院が31日以上になり、それ以降30日分ごとにひと月の返済額が支払われる	10種類の生活習慣病で継続入院180日以上の場合		急性心筋梗塞や脳卒中で60日以上所定の状態になった場合

団信つきのローンを借りるということは、それ自体が遺族の住居の保障になります。第3章で必要保障額（夫は67ページ、妻は69ページ）を計算して、**保険の見直し（減額・解約）**を行いましょう。

ポイント シンプルな団信か手厚い団信かは、繰上返済を含めた完済予定年齢までに団信を使う可能性が高いか低いかで考えよう。

＊2017年10月以降のフラット35の団体信用生命保険では、障がい等級1・2級に該当する「身体障がい保障」の条件が緩和され、今までよりも軽い障がい状態で保険金を受け取ることができるようになりました。

3-6 住宅ローン控除は自分の納税額の上限アリ

住宅取得を後押しする国の政策のひとつに「住宅ローン控除（住宅借入金等特別控除）」があります。これは、「新築住宅等を買ったときは、**最長13年間、住宅ローンの年末残高の0.7%を所得税から還付**します」という制度です（入居年や住宅の質により、控除の上限や期間が異なります）。

中古住宅を買ったときの住宅ローン控除は、住宅ローンの年末残高の0.7%が、最長10年間適用されます。

住宅ローン控除は本来、所得税を減額する制度ですが、納める所得税の金額が少なくて、所得税から住宅ローン控除額を引ききれなかった場合は、翌年の住民税が減額されます。住民税から減額される金額は、所得税の課税所得（148ページの源泉徴収票の❷−❸）の5%（最大97,500円）が上限です。

> **ポイント**
> 年収400万円の人が住宅ローン残高3,000万円の住宅ローン控除を申告しても、実際に受けられる控除額は所得税と住民税を合わせて約16万円／年が限度。ローン残高の0.7%の21万円にはならないから、自分の場合を考えよう！

住宅ローン控除を利用するためには、**会社員も自営業者も入居の翌年に確定申告が必要**です。会社員は2年目からは税務署から届く書類を使って、職場の年末調整で住宅ローン控除の手続きができます。

住宅ローン控除の対象となるローンは10年以上でなければならないため、繰上返済を行った結果、最初の返済から完済予定日までの期間が10年を切ると、それ以降の年については利用できません。

また、借り換え後も住宅ローン控除を使うことはできますが、住宅ローン控除は入居したときから最長13年が期限で、延長はありません。

住宅ローン控除の還付金は、翌年の固定資産税に充てるなどの家計管理を実践しましょう。

> 夫婦それぞれが使えます

🌱 **住宅ローン控除の対象となる最大ローン金額（2025年末までの入居の場合）**

	子育て、40歳未満の世帯	新築住宅等	中古住宅
住宅ローン控除率	0.7%		
最長控除期間	13年		10年
認定住宅	5,000万円	4,500万円	
ZEH水準省エネ住宅	4,500万円	3,500万円	3,000万円
省エネ基準適合住宅	4,000万円	3,000万円	
上記以外の住宅	0円	0円*	2,000万円

＊ 2023年までに新築の建築確認を受けた場合は、2,000万円（10年）の適用があります。

4. 借りた後のオトクな返しかたを教えて

4-1 繰上返済のしくみと効果

ここでは、すでにローンを返済している人と、これからローンを組む人に向けて、オトクな返しかたを説明します。

繰上返済とは、返済の途中で元金部分だけをまとめて返すことです。

繰上返済で支払うお金は、全額が元金の返済に充てられます。その元金にかかる部分の利息を払わなくてすむので、将来の利息負担が軽くなる点が魅力です。

繰上返済には、毎回の返済額はそのままで、返済期間を短くする**「期間短縮型」**と、返済期間はそのままで、毎回の返済額を少なくする**「返済額軽減型」**の2種類があります。繰上返済の**利息の節約効果が大きいのは、期間短縮型**です。

繰上返済は強い味方ですから、計画的に行いましょう。

繰上返済ってどれぐらいオトクなの？

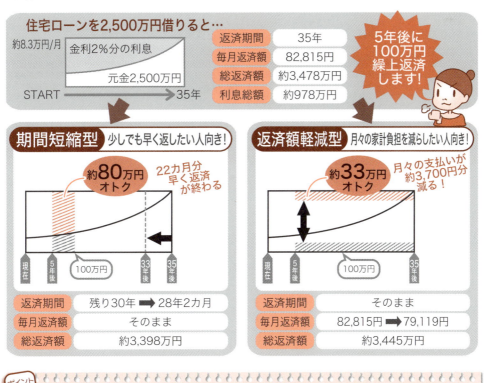

 早くローンを返済したい人や利息負担を減らしたい人は、期間短縮型がオトク。

前ページの例では、5年後に100万円を期間短縮型で繰上返済すると、節約できる利息は約80万円、短縮期間は22カ月です。同じ条件でも、借り入れから10年後に繰上返済したとすると、節約できる利息は63万円、短縮期間は20カ月と効果が少し小さくなります。つまり、**繰上返済の時期は早ければ早いほど、その効果も大きい**のです。

　繰上返済のルールには、「フラット35」のように「最低100万円から（インターネットを使うと10万円から）」という条件がある金融機関もあれば、1円からできるところもあります。インターネット経由で行うと手数料無料のところが多いので、金融機関のホームページや窓口で確認しましょう。繰上返済の最低金額が低い金融機関なら、たとえば300万円を貯めて一気に繰上返済するよりも、50万円でも、100万円でもコツコツ繰上返済するほうがオトクですよ。
　次の表は、期間短縮型の繰上返済をすると、どれぐらい利息を払わなくてよくなり、また、どれぐらい返済期間が短くなるのかを表した早見表です。
　たとえば、右側の表で金利2％、35年返済で2,000万円を借りて、5年後に初めて100万円を繰上返済する場合、78万円の利息を払わなくてよくなり、当初よりも2年3カ月早く返済が終わることを表しています。繰上返済の効果の目安を知る参考にしてください。

▼ 100万円の期間短縮型繰上返済をすると、利息負担と返済期間はどう変わる？

金利1％（35年返済）	借入金額	利息軽減額	短縮期間
	5年後	34万円	2年
2,000万円	10年後	28万円	1年11カ月
	15年後	21万円	1年9カ月
	20年後	15万円	1年8カ月

金利2％（35年返済）	借入金額	利息軽減額	短縮期間
	5年後	78万円	2年3カ月
2,000万円	10年後	60万円	2年
	15年後	46万円	1年10カ月
	20年後	33万円	1年8カ月

　繰上返済は、あくまでも将来払う予定の利息をカットするものです。節約できた利息が現金で手元に戻ってくるわけではなく、家計からは、支出として手持ちのお金が減ります。繰上返済のしすぎで、必要なときにお金が足りなくて困ることがないように、**数年先の支出と貯蓄額のバランスを考えて行いましょう。**
　表紙カバー裏にある「家計の将来シミュレーション」を作成すると、未来の貯蓄の様子がわかるから、繰上返済のタイミングもわかりますよ。

住宅ローンの金利よりも住宅ローン控除率が高いなら、控除が終わったときに繰上返済するのがオトク！

4-2 借り換えを検討する！

「借り換え」とは、今借りている金融機関のローンを返済するためのお金を、新たに別の金融機関で借りることをいいます。

▼ 借り換えの3つの目安

借り換えは、違う金融機関で新たなローンを組むことになるため、家を買ったときと同様に、金融機関の審査もあれば、数十万円の諸費用もかかります。**金利だけでなく、借り換え諸費用も含めた総支払額を比べたうえで実行**しましょう。借り換えシミュレーションは、金融機関のホームページで手軽にできます。

一般的な借り換えの目安は、「**残り期間10年以上**」「**残高1,000万円以上**」「**今の借入金利と借り換え予定先の金利の差が1%以上**」の3つです。自分が借りているローンの金利よりも、世の中の金利が下がったときは、借り換えのチャンスです。

また、借り換えは金利が下がったときだけでなく、金利が上がりそうなときに変動金利から固定金利に借り換えることもあります。今の金融機関で金利変更の相談をすると共に、将来の金利上昇リスクに備える方法も検討しましょう。

なお、物件の担保評価割れや転職して間もないとき、団体信用生命保険に加入できない場合の借り換えは、難しくなります。そんなときは、今借りている金融機関に、金利引き下げなどの返済条件変更の相談をしてみましょう。

FP彩ちゃんの ココだけの話

「住宅ローン控除と繰上返済、どちらを選んだほうがトクですか？」という質問をよくいただきます。住宅ローン控除を受けるとローン残高に応じた税金の還付を受けることができるし、繰上返済をすると将来の利息を減らせます。でも、繰上返済をすると残高が減る分、住宅ローン控除の還付額も減ってしまうから、どっちがオトクか悩みますよね。

一概には言えませんが、一般的には①控除（税金の還付）を全額利用できているか、②住宅ローンの金利は何%か、③住宅ローンの控除率は何%か、の3点で判断します。

たとえば、住宅ローン控除率が1%で住宅ローン控除を全額利用できていて、住宅ローンの金利は1%よりも低い場合の繰上返済のタイミングは、「**住宅ローンの金利が控除率よりも高くなったとき**」か「**住宅ローン控除の10年が終わったとき**」です。住宅ローン控除の率よりも住宅ローンの金利のほうが高いときは、早めの繰上返済を目指しましょう。

一方で2022年1月以降に入居した人は、住宅ローン控除率が0.7%となったため、借入金利のほうが高いケースが増えています。住宅ローン金利が0.7%よりも高いなら、借入時には自己資金を多くしてローン金額を減らし、借りた後も住宅ローンの繰上返済をこまめに行いましょう。

税金のキホン

1. 税金って、どうやって決まってるの？

　正直なところ、税金は「納める」というよりも「とられる」という感覚の人が多いようです。でも税金は、毎週のゴミ収集や夜道の電灯に救急車、学校教育など、数えればキリがないほど、わたしたちの暮らしと密接にかかわっているのです。

1-1 源泉徴収票のしくみがわかれば、税金が節約できる

　本来、**税金は1月1日から12月31日までの所得に対して、自分で確定申告をして納めます**。ただし、会社員は会社が代わりに計算して納めてくれるため、税金について考える機会が少なくなっているのが現状です。

　毎月の給料から納める所得税は、「この人がこの収入ペースで1年間働いたときの税額は、これぐらいになるだろう」と予想して、「年末に一括で納めるのは大変だから、予想額を毎月の給料とボーナスから会社が天引き（源泉徴収）して、12月になって1年分の給料が決まったら、税額を計算しなおす」という方法を取っています。

　年末に調整するから「**年末調整**」といい、この計算の内訳を書いてあるのが、「**源泉徴収票**」です。これにより12月分の給料は、「税金を多く納めていた人には還付金があり、足りない人は追加で納める」というしくみになっています。そして、その所得税の情報で翌年の住民税が決まり、給料天引きとなるのです。

　そのため、**会社の年末調整や確定申告で控除の申告モレがあると、納める税金は自己責任で高くなります**。使える控除は正しく申告して、賢く納税しましょう。

　次のページからは、源泉徴収票の見かたと、所得税額の計算のしくみをお伝えしています。自分の源泉徴収票を見ながら確認してくださいね。

年末調整＆確定申告で手を抜くと、所得税だけでなく住民税も重たくなる！

🌱 税金が決まる流れ

源泉徴収
ざっくり天引き

年末調整
会社に提出

源泉徴収票(12月)
所得税 決定！

確定申告(翌年3月まで)
ほかにも控除があるんです〜！

住民税(翌年6月から)
自動で決定です

源泉徴収票の見かた

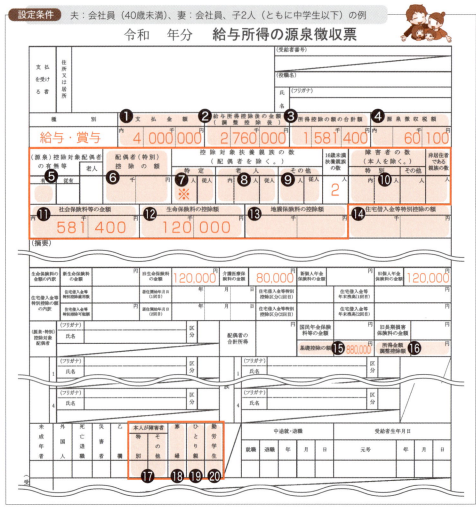

※令和7年以後の源泉徴収票の様式は、改正される予定です。

❶ 年収、給与収入。非課税交通費は含まない
❷ 会社員の必要経費分（給与所得控除）を差し引いた所得（給与所得）
❸ □のワク内の控除額合計＋⓯
❹ 1年分の所得税（住宅ローン控除がある場合は控除後。復興特別所得税含む）
❺ 年収123万円以下の配偶者の有無
❻ 年収201.6万円未満の配偶者と納税者の年収の組み合わせによる配偶者（特別）控除の額
❼ 19歳以上22歳以下の扶養している人の数
　※年収188万円以下の特定親族特別控除の額
❽ 70歳以上の扶養している人の数
❾ 16歳以上18歳以下、23歳以上69歳以下の扶養している人の数
❿⓱ 本人または扶養している配偶者、親族が障害者の場合に記載あり
⓫ 1年間に支払った厚生年金保険料、健康保険料、介護保険料、雇用保険料などの合計額。上段の金額はiDeCoやDCのマッチング拠出金額で、この額は下段に合計されている
⓬ 生命保険料控除、個人年金保険料控除、介護医療保険料控除の合計金額
⓭ 地震保険料控除
⓮ 住宅ローン控除（142ページ参照）
⓯ 基礎控除（159ページ参照）
⓰ 22歳以下の子どもがいる年収850万円超の人は、給与所得から「収入（1,000万円上限）－850万円」×10％の額を差し引く
⓲ 夫と死別した女性、夫と離婚し子以外の扶養親族のいる女性（いずれも所得500万円以下）は27万円の控除
⓳ 死別・離婚・未婚のひとり親（所得500万円以下）で扶養する子がいる場合は35万円の控除
⓴ 本人が働きながら学校で学ぶ場合に記載あり

年末調整で会社員の所得税額が決まるしくみ

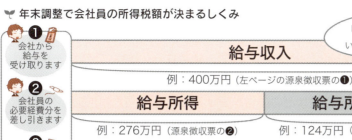

❶ 会社から給与を受け取ります
→ **給与収入**（「年収」といわれています）
例：400万円（左ページの源泉徴収票の❶）

❷ 会社員の必要経費分を差し引きます
→ **給与所得** ＋ **給与所得控除**
例：276万円（源泉徴収票の❷） ／ 例：124万円（下記の速算表Ⓐより）

❸ さらに「子どもがいます。保険もかけてます」と、申告します
→ **課税所得** ＋ **所得控除**
例：1,178,000円（千円未満切捨） ／ 例：1,581,400円（源泉徴収票の❸）

税金の計算に必要なあなたの事情はすべて考慮しましたよ！
…ということでここから税額を計算します

× **税率**（下記の速算表Ⓑより）
＝ **所得税額** －（**主な税額控除** 住宅ローン控除）
例：58,900円

プラス復興特別所得税 **2.1%**（2037年まで）
例：1,236円

❹ この額を所得税として納めます
納税額 例：60,100円（源泉徴収票の❹）（百円未満切捨）

主な所得控除の条件と金額

物に対する控除	・社会保険料控除	納めた金額
	・生命保険料控除	最大 12万円
	・地震保険料控除	最大 5万円
	・小規模企業共済等掛金控除（iDeCo等）	支払った金額

人に対する控除	・基礎控除（本人）	所得2,500万円以下	16〜95万円（159ページ）
	・配偶者控除	所得58万円（給与収入123万円）以下	13万〜38万円
	・配偶者特別控除	所得58万円超133万円以下（給与収入201.6万円未満）	1万〜38万円
	・扶養控除（16〜18歳・23〜69歳*）	所得58万円（給与収入123万円）以下	38万円
	・特定扶養控除（19〜22歳）	所得58万円（給与収入123万円）以下	63万円
	・特定親族特別控除（19〜22歳）	所得58万円超123万円以下（給与収入188万円）以下	3万〜63万円
	・老人扶養控除（70歳以上）	所得58万円（年金収入のみの場合は168万円）以下	48万・58万円（同居）

生命保険料控除

旧：2011年12月31日までの契約で、1年間に支払った保険料がそれぞれ**10万円以上**の場合

旧生命保険料控除（死亡保険・医療保険など）
【所得税：最高5万円、住民税：最高3.5万円】
＋
旧個人年金保険料控除（個人年金保険）
【所得税：最高5万円、住民税：最高3.5万円】
＝ 控除合計額の上限は、**所得税10万円、住民税7万円**

新：2012年1月1日以降の契約や、それ以降に更新した契約などで、1年間に支払った保険料がそれぞれ**8万円以上**の場合

新生命保険料控除*（死亡保険）
【所得税：最高4万円、住民税：最高2.8万円】
＋
介護医療保険料控除（介護医療保険）
【所得税：最高4万円、住民税：最高2.8万円】
＋
新個人年金保険料控除（個人年金保険）
【所得税：最高4万円、住民税：最高2.8万円】
＝ 控除合計額の上限は、**所得税12万円、住民税7万円**

※新と旧の**両方の契約がある場合**の最大控除額は、**所得税12万円、住民税7万円**

給与所得控除額の速算表Ⓐ

給与収入金額	控除額
〜190万円以下	65万円
190万円超〜360万円以下	給与収入金額×30％＋8万円
360万円超〜660万円以下	給与収入金額×20％＋44万円
660万円超〜850万円以下	給与収入金額×10％＋110万円
850万円超	195万円

※給与収入660万円未満の人の実際の計算は「年末調整等のための給与所得控除後の給与等の金額の表」を使って行うため、給与所得控除後の金額に誤差が生じることがあります

所得税の速算表Ⓑ

課税所得（源泉徴収票の❷−❸）	税 額
〜195万円以下	課税所得×5％
195万円超〜330万円以下	課税所得×10％−97,500円
330万円超〜695万円以下	課税所得×20％−427,500円
695万円超〜900万円以下	課税所得×23％−636,000円
900万円超〜1,800万円以下	課税所得×33％−1,536,000円
1,800万円超〜4,000万円以下	課税所得×40％−2,796,000円
4,000万円超	課税所得×45％−4,796,000円

※所得税計算後の税額に2.1％の復興特別所得税がかかります

＊親を税金上の扶養に入れる要件は、65歳未満で年金収入のみなら118万円以下、65歳以上なら168万円以下で同居、または別居なら仕送りが必要です。

＊23歳未満の子どもを扶養している場合は、新生命保険料控除に2万円が上乗せされます。控除合計額の上限は12万円です（2026年）。

第9章　税金

会社員の税金は、年末調整で完了します。ただし、**2カ所以上から給料をもらっている人***や**副業で一定の利益がある人**は、会社員でも確定申告をしなければなりません。また、**医療費控除（153ページ参照）、住宅ローン控除（142ページ参照）、寄附金控除（155ページ参照）**、そして、災害や盗難にあって保険金などでカバーできなかったときの雑損控除などの**還付を受けるためには、確定申告が必要**です。

　確定申告の期間は、2月16日から3月15日です。医療費控除などの還付のときは翌年の1月から行えますし、5年前の分までさかのぼれます。

　ハンドメイドアクセサリーの販売やウーバーイーツの配達など、「副業」の1年間の売り上げから必要経費を差し引いた利益が一定金額を超えると、「雑所得」として確定申告が必要です（本業として行っている場合は「事業所得」です）。

　会社員やパートなどの給与収入がある人は、副業の利益が20万円を超えた場合、専業主婦（夫）は95万円を超えた場合に確定申告が必要です。なお、メルカリなどのフリマアプリで得たお金が、自分が使っていた洋服や本などの生活用品を売ったものなら確定申告は不要です。

1-2 住民税が決まるしくみ

　住民税は、源泉徴収票や確定申告書をもとにして、昨年の所得に**住民税率10%**を掛けた税額を、今年の6月から納めます。156ページの見本を参照してください。

1-3 企業年金は、受け取りかたで税金・社会保険料負担が変わる

	一時金（退職所得）	年金（雑所得）
種類	退職一時金	公的年金（厚生年金・国民年金・企業年金など）
	〈自分で選択〉 確定給付年金(DB)・確定拠出年金(DC・iDeCo)	
所得の計算式	（退職金収入－退職所得控除）÷2	年金収入－公的年金等控除
社会保険料	かからない	かかる
メリット	●社会保険料や税制面で有利 ●まとまったお金の使い道が広い ●社会保険料や医療・介護サービスを利用した時の自己負担の増加がない	●年金受け取りのほうが総額が多い ●収入計画が立てやすい ●企業年金によっては運用率が高いものや終身受け取れるものがある
注意点	●計画的な利用が必要 ●ライフプランに応じた資産運用を自分で行う必要がある	●公的年金と合算され社会保険料負担が増える ●所得によっては医療や介護サービスの自己負担割合が増える

*勤務先で年末調整をしていて、もうひとつの給与収入が20万円以下の場合（PTAの謝礼や臨時アルバイトなど）は、確定申告をしないことも選択できます。ただし、申告すると所得税が還付される場合もあるので検討しましょう。なお、住民税は申告が必要です。

企業年金（DC・DB）は、一時金か年金かを選択できるところが多く、受け取りかたによって税金と社会保険料が変わります。所得によっては、老後の医療や介護サービス時の自己負担が増えることもあるため、早めに考えておきましょう。

1-4 勤続年数が長いほど、退職金の一時金受け取りは有利

退職金は、長年の貢献による給料の後払いであり、老後を支える大切なお金です。そこで、退職金を一時金で受け取るときは、「**退職金等の収入**」から「**退職所得控除額**」を差し引き、その金額をさらに半分にした「**退職所得**」に対して税金を計算します。控除額までなら税金はかかりません。

退職所得控除額の計算表

勤続年数	退職所得控除額
20年未満	勤続年数×40万円　　※最低80万円
20年以上	（勤続年数－20年）×70万円＋800万円

ポイント 勤続年数38年なら退職金が2,060万円まで、43年なら2,410万円まで税金ゼロ円！

たとえば、勤続年数が38年で退職金が3,000万円の場合は、「（退職金収入3,000万円－退職所得控除額2,060万円）÷2＝退職所得470万円」となります。納める税金は、149ページの所得税の速算表Ⓑから（課税所得470万円×20％－427,500円）＝所得税約52万円、住民税率10％で住民税47万円となり、税金を納めた退職金の手取額は、約2,900万円です。

確定拠出年金（iDeCo・DC）を一時金で受け取るときは、掛金の拠出年数を勤続年数に読み替えます。

確定拠出年金の一時金と退職金を同じ年に受け取るときは、合計額を退職金収入として、控除額は勤続年数の長いほうで計算します。ただし、異なる年に受け取るときの勤続年数や確定拠出年金の掛金拠出年数の計算は、先に受け取るのが退職金か、確定拠出年金の一時金かによって変わります（退職所得控除額の範囲なら、退職金と確定拠出年金の一時金のどちらが先でも税金はかかりません）。

確定拠出年金の一時金を先に受け取る場合は、受け取った年の翌年から9年以内に退職金を受け取ると、後から受け取る退職金にかかる退職所得控除額から勤続年数重複分の控除額が差し引かれます（受け取った年の翌年から10＊年目以降に受け取る場合は、それぞれの退職所得控除額がフルに使えます）。

一方、**退職金を先に受け取る場合は、受け取った年の翌年から19年が経過していなければ、後から受け取る確定拠出年金の一時金にかかる退職所得控除額から重複分が差し引かれます**（20年目以降なら退職控除額がフルに使えます）。

実際の税額は、税理士や税務署に確認しましょう。

＊2025年12月末までの受け取り分については、5年です。

▼ 退職金と確定拠出年金(DC・iDeCo)の受け取りかたによる手取り額のちがい

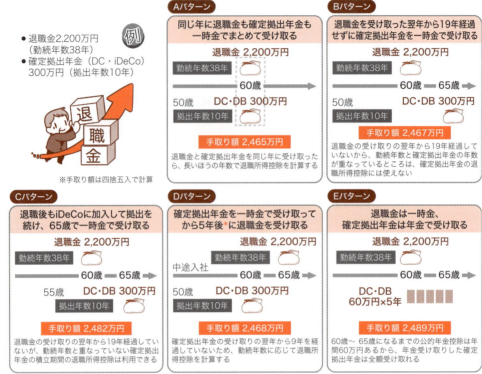

*2025年の受け取り分までは前年以前4年を経過していれば、退職所得の控除はそれぞれの勤続年数がすべて使えます

1-5 65歳以上で受け取る年金は、年間110万円まで税金ゼロ円

老齢基礎年金や老齢厚生年金、確定給付年金や確定拠出年金などは「公的年金等」といい、保険会社から受け取る個人年金保険とは分けて税金を計算します。

▼ 65歳以上の公的年金等にかかる雑所得の計算表

公的年金等の収入金額	公的年金等にかかる雑所得
～110万円以下	0円
110万円超～330万円未満	収入金額－110万円
330万円以上～410万円未満	収入金額×0.75－275,000円

公的年金等にかかる税金は、公的年金等の合計金額から「公的年金等控除」を差し引いて計算します。この控除により、65歳未満は年金収入の合計金額が60万円まで、65歳以上では110万円までなら税金はかかりません。

たとえば公的年金が200万円の場合、雑所得は200万円－110万円＝90万円です。この雑所得90万円から所得控除を差し引いた課税所得に、149ページの税率を掛けて税金を計算します。仮に社会保険料が20万円、基礎控除95万円、配偶者がいて配偶者控除38万円なら、控除の合計額は153万円です。雑所得の90万円よりも差し引く153万円の控除が多いため、税金はかかりません。

2. 医療費控除に、ふるさと納税。どうやったらいいの？

2-1 医療費控除の範囲は広い。モレをなくそう！

　1月1日から12月31日までの1年間に、家族全員の医療費の合計額が高額になった場合、医療費控除の確定申告をすると、すでに納めた所得税の還付を受けることができます（住民税は減額されます）。医療費控除は2種類あります。

① 医療費控除

　医療費控除は、対象となる医療費と計算式が決まっています。

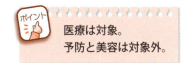

医療は対象。
予防と美容は対象外。

▼ 医療費控除の対象のもの、対象外のもの

▼ 医療費控除の計算式

※その年の総所得金額等が200万円未満の場合は、総所得金額等の5％の金額となります。

　計算式にある「受け取った保険金など」とは、保険会社や共済から受け取る入院給付金や手術給付金のほか、健康保険から受け取る高額療養費や出産育児一時金などのことです。こうしたお金が入った分だけ、支払った医療費の自己負担は少なくなるので、ひとつの病気やケガごとに「支払った医療費」と「受け取った保険金など」を差し引きして、実質的に負担した医療費の合計額を計算します（出産手当金や傷病手当金は、働けない間の給料代わりなので差し引きません）。

　つまり、**実質的に負担した金額が10万円を超えた場合に、医療費控除が利用で**

きるのです。ただし、その年の総所得金額等が200万円未満（給与所得のみなら年収が約297万円以下）の人は、「総所得金額等（148ページの源泉徴収票の❷）の5％」を超えると、10万円以下でも医療費控除が受けられる場合があります。

② セルフメディケーション税制（医療費控除の特例）

セルフメディケーション税制とは、**職場の健康診断や予防接種を受けている人が、家族全員で1年間に合計12,000円を超える市販薬を購入した場合に使える医療費控除**です。対象となる市販薬には外箱にマークがありますし、レシートに表示されます。

🌱 セルフメディケーション税制の計算式

対象市販薬の年間購入額 － 12,000円 ＝ 医療費控除の特例（上限88,000円）

①の医療費控除と②のセルフメディケーション税制は、どちらかを選択します。1年間の医療費が高額になった場合は①の医療費控除を使い、共働きなら所得が高いほうが家族全員分をまとめて確定申告するとオトクです。

医療費控除の確定申告は、健康保険や職場から受け取る「**医療費のお知らせ**」や領収書（レシート）、**マイナポータルの医療費通知情報**を使って行います。なお、2月9日以降に更新されるマイナポータルの医療費通知情報は、前年1月～12月までの情報が載っているので、それ以外の交通費や自由診療、市販薬の購入分などを入力すると、確定申告が簡単にできます。**医療費に関する領収書やレシート、かかった交通費のメモは、ひとつの箱や封筒に入れて人ごと、病院ごとに分けて保管**しておくと、確定申告の準備がスムーズですよ。なお、医療費の領収書などは提出しませんが、5年間は自宅で保管する義務があります。

ミニ知識

医療費控除の確定申告をする前に、返ってくる税金がわかる方法があります。そのカギとなるのが、所得税の税率です。148ページの源泉徴収票の「❷－❸」で課税所得を計算して、149ページの「所得税の速算表Ⓑ」の税率を医療費控除の金額に掛けるだけ（税率の後の引き算はしなくて大丈夫）。たとえば医療費控除5万円、所得税率が5％なら確定申告で約2,500円の所得税の還付、住民税は一律10％で自動的に5,000円減額されるから、所得税と住民税で合計7,500円安くなるわけです。これを知っていれば、労力と効果を考えたうえで確定申告をする・しないを選択できますね。

2-2 ふるさと納税はやりすぎ注意。趣旨をわかって楽しんで

　税金を納める自治体と、その使い道を指定できる制度が「ふるさと納税」です。

　ふるさと納税の目的は、地方の応援です。地方で生まれ育った人が大人になって都会で生活すると、地方で働く人も税収も減ってしまいます。そこで、都会に住みながら地方に納税できるふるさと納税が誕生しました。「ふるさと」とありますが、出身地に限らず、日本全国の自治体に寄付をすることができます。

　ふるさと納税の魅力は3つです。ひとつめは地方応援や被災地支援などの「**社会貢献**」、2つめは、寄付した自治体から地場産のお米やお肉などの「**返礼品がもらえる**」こと、そして3つめが寄附金控除により「**税金が安くなる**」ことです。

　たとえば1万円を寄付すると、寄付金額の3割相当の返礼品が届くうえ、翌年に8,000円分の税金が安くなります。結果的に、「自己負担2,000円で、寄付金額の3割分の返礼品がもらえてオトク！」と、利用者が広がったのです。

　さきほど税金が安くなるとお伝えしましたが、ふるさと納税の**寄附金控除は、住民税の約2割を上限に、1年間に2,000円を超えた寄付金相当額を本来納める税金から差し引く制度**です。そのため、**住民税の前払い**ともいえるでしょう。

　自己負担が2,000円ですむ寄付金額の目安は、所得によって異なります。ふるさと納税のポータルサイトなどでシミュレーションを行いましょう。

　なお、寄附金控除を使うためには、本来は確定申告が必要です（所得税の還付と住民税の減額があります）。

　ただし、「寄付した自治体が5カ所以下」で「確定申告をしなくてもよい会社員」などの一定の要件を満たす人が、寄付をした自治体に「寄附金控除に係る申告特例申請書」を届け出ると、確定申告をしなくても所得税の分も含めて住民税が自動的に安くなる「ワンストップ特例制度」が利用できます。

▼ ワンストップ特例制度を利用した場合の流れ

　最後に、ふるさと納税の注意点です。ふるさと納税をして住民税が安くなるということは、**あなたの住む自治体の税収が一部減る**ことを意味しています。それでも自治体は、あなたのためにごみの収集などのサービスを行います。**ふるさと納税をするときは、返礼品だけでなく、税金の使いみちにも意識を向けてくださいね。**

🌱 ふるさと納税のやりかた

① **源泉徴収票を準備して、自己負担が2,000円になる最大寄付金額の目安を調べる**

ふるさと納税をする年の源泉徴収票を用意して「ふるさとチョイス」や「楽天ふるさと納税」などのポータルサイトで寄付金額のシミュレーションをする。(前年の源泉徴収票を使うときは、前年分を参考に今年の収入を予想する)

> iDeCoや医療費控除、子どもの年齢による控除額の変化を毎年確認！控除を忘れるとふるさと納税のやりすぎになることも

② **自治体と返礼品を選んで寄付をすると、後日返礼品が届く**

③ **寄附金控除の申告をする**
- ワンストップ特例を利用する人は、翌年1月10日必着で、寄付をした自治体から届く書類を返送するか、オンラインで申請する。
- 確定申告をする人は、寄附金控除証明書またはポータルサイトが作成する寄附金控除に関係する証明書を使って翌年3月15日までに行う。

④ **住民税決定通知書の摘要欄などでふるさと納税の減税額を確認する**

🌱 住民税決定通知書の見かたと活用法

- A: 保育料で使います（117ページ）
- 高校・大学無償化で使います（118ページ）
- B/C: ふるさと納税や住宅ローン控除、調整控除などの減税合計額です
- D
- E: 1年間に納める住民税額です
- ふるさと納税の減税額です（寄附金税額控除額:市民税××××円、県民税××××円）

ミニ知識

住民税には、一定以上の所得がある場合に年間約5,000円を納める「均等割」と、所得に応じて10%の税金を納める「所得割」があります。世帯全員の前年所得が一定金額以下で住民税がかからない世帯を、住民税非課税世帯といいます。

たとえば、会社員の子どもと遺族厚生年金と老齢基礎年金を受け取る母親が2人で暮らしている場合。それぞれの家計が独立していれば、住民票を分けること（世帯分離）ができます。すると、母親は住民税非課税世帯に該当するため、介護保険料や後期高齢者医療保険料が下がり、病院や介護を利用した時の自己負担も下がります。一方、子どもにとっては親が扶養から外れると税負担が増え、生計が別になると医療費控除の合算ができなくなります。

3. パートで働きすぎたらソンって本当？

「パートで働きすぎるとソンをする」と思っている人は多いようです。でも、それって本当でしょうか？

パートで働く際のソン・トクは、何を重視するのかによって変わります。**「今の手取収入を重視」**するのなら、「税金や社会保険料を差し引かれたら、その分手取収入が減るからソン」になります。でも、**「将来の収入と保障を重視」**するのなら、「今は手取収入が減るけれど、老後の年金やもしもの保障が手厚くなるし、節税策も使えるからトク」と考えることができます。

年間100万円のパート収入は、30年間で総額3,000万円。年収300万円なら総額9,000万円を稼ぐ力になります。正しい知識を身につけることから始めましょう。

3-1 パート収入と税金・社会保険の分岐点は5つある

パートの年収＊が一定金額を超えると、**税金**と**社会保険料**を自分で納めます。

159ページの表の例は、妻のパート年収による夫婦（世帯）の手取収入の変化です。この本では「夫が会社員で、妻はパート」という例でお話ししていますが、「妻が会社員で、夫はパート」という場合は、夫と妻を読み替えつつ、働きかたを考える際の参考にしてください。

> **ポイント**
> 税金や社会保険の制度は時代によって変化する！
> 制度やソントクに振り回されず、自分の望む働きかたを選択しよう！

🌱 パート収入の分岐点

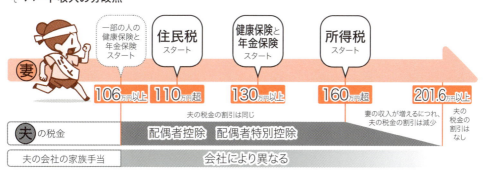

※夫の給与収入が1,195万円（所得1,000万円）を超えると、配偶者控除・配偶者特別控除の両方とも利用できません。

＊社会保険の加入を判断する際の収入は、「見込み額」で判定します。税金上は収入に含めない通勤手当や遺族年金、傷病手当金も社会保険上は収入になります。
＊税金上の収入は、1月1日〜12月31日の「結果」で判定します。

3-2 106万円は中規模以上の会社で働く人の社会保険の分岐点

　従業員51人以上の会社で、週20時間以上働く年収106万円（月額8.8万円）以上の人は、妻自身が健康保険と厚生年金保険に加入して、自分で保険料を納めます。

　ただし、最低賃金の上昇により今後は年収要件がなくなり、従業員数の要件も段階的に縮小される予定です。将来的には、週20時間以上働く人は社会保険に加入することになる見込みです。

3-3 110万円は妻の住民税の分岐点

　妻の年収が約110万円を超えると、妻に住民税がかかり始めます。

3-4 130万円は妻の社会保険の分岐点

　妻の年収が130万円以上*になると、夫の健康保険の扶養に入れません。妻自身が社会保険に加入して、自分で保険料を納めます。

　健康保険と年金はセットです。パート先の「健康保険と厚生年金保険」に加入すると、給料の額に応じて健康保険料と厚生年金保険料が天引きされます。

　年収130万円以上になったけれどパート先に厚生年金保険がなかったり、加入条件を満たさない人*は、自分で「国民健康保険と国民年金」に加入します。国民健康保険料は、前年の所得に応じて決まり（前年の所得がない場合でも最低保険料が自治体によって決まっています）、国民年金保険料は約1.8万円／月です。

　年収106万円や130万円の分岐点で働きかたを悩む人が多いため、年収106万円で社会保険（健康保険と厚生年金保険）に加入した場合と、しなかった場合で手取収入を比べたものが右の表です。

　社会保険に加入すると手取収入が減り、20年間では約303万円の差になります。一見するとソンに見えますが、20年間働くと、老後の厚生年金が年額約12万円増えます。増えた年金は一生受け取れますし、繰下げ受給でさらに増やすこともできます。

　そのほかにも、**仕事を長期間休んだときの傷病手当金や出産手当金、障がい者になったときの障害年金、死亡した際の遺族年金などの保障も手厚くなります。**

　自分で社会保険に加入して働くと、今の収入が増えることはもちろん、老後の年金も、もしもの安心も増えますよ。

🌱 **年収106万円の手取収入例**

年収106万円	社会保険	
	未加入	加入
健康保険料	0円	54,272円
厚生年金保険料	0円	96,990円
雇用保険料	5,830円	5,830円
所得税	0円	0円
住民税	0円	0円
手取収入	1,054,170円	902,908円

※最終的には年末調整で端数処理等があります。

---

* 19〜22歳の学生が健康保険の扶養に入る際の年収要件は、150万円未満です。
* 厚生年金がない会社で働く人のパート年収が2年連続で130万円以上になっても、一時的な増収と雇用主が認めた場合は、最長2年間、夫の扶養にとどまることができます。

3-5 160万円は妻の所得税の分岐点と夫の税金の第1分岐点

妻の年収が160万円を超えると、妻に所得税がかかり始めます。

夫の給与収入が1,095万円（所得900万円）以下で、妻の年収が160万円以下のときは、夫の税金を計算する際に、配偶者（特別）控除38万円を全額差し引くことができます。つまり、**妻の年収が160万円までなら夫の税負担は増えません。**

妻の年収が160万円を超えると、妻の年収が増えるにつれて、夫の税金を計算する際に差し引くことができる配偶者特別控除の金額が36万円～1万円と段階的に減少し、夫の税負担が増えていきます。

3-6 201.6万円は夫の税金の第2分岐点

妻の年収が201.6万円以上になると、夫の配偶者特別控除は使えなくなります。

パートの年収で変わる夫婦の手取収入の例

家族構成	夫：会社員（40歳未満）、年収400万円 （健康保険料率5.12%、厚生年金保険料率9.15%、雇用保険料率0.55%）	妻：パート検討中 （40歳未満）			
妻のパート年収	108万円（月9万円）	132万円 社会保険加入	168万円 （月11万円）／（月14万円）	200万円 （基礎控除95万円が使える上限）	204万円 （月17万円）
負担 社会保険料	5,940円	160,056円	195,624円	248,976円	296,400円	302,328円
税金	0円	0円	9,400円	40,100円	68,000円	74,900円
手取収入	1,074,060円	919,944円	1,114,976円	1,390,924円	1,635,600円	1,662,772円
夫の年収	400万円					
負担 社会保険料	592,800円					
税金	192,000円	192,000円	192,000円	197,500円	239,800円	244,400円
手取収入	3,215,200円	3,215,200円	3,215,200円	3,209,700円	3,167,400円	3,162,800円
世帯の手取収入	4,289,260円	4,135,144円	4,330,176円	4,600,624円	4,803,000円	4,825,572円
妻の将来の年金	変わらず	↑UP	↑UP	↑UP	↑UP	↑UP

※表の金額は、2025年・2026年の場合です。今後も見直しが行われる予定です。
※健康保険料や住民税額は自治体により異なります。住民税の調整控除は考慮していません。

ミニ知識

生活保障のための必要経費と考えられている控除が「基礎控除」です（148・149ページ参照）。所得税の基礎控除は表のとおりです。

合計所得金額 （給与所得や事業所得などの合計）	所得税の基礎控除額	
	～2026年	2027年～
～132万円以下	95万円	95万円
132万円以下～336万円以下	88万円	58万円
336万円以下～489万円以下	68万円	
489万円以下～655万円以下	63万円	
655万円以下～2,350万円以下	58万円	

※2,350万円超は省略。※住民税は一律43万円。

4. 相続の準備って、何をしたらいいの？

4-1 年間110万円以下の贈与には税金はかからない

　親や祖父母が、生活費や教育費などの**扶養に必要な金額をその都度支払う場合は、金額に関わらず贈与税の対象にはなりません**。でも、車の購入やローンの繰上返済のお金をもらうと、扶養の義務を超えた援助として贈与税の対象となります。

　贈与税は、1年間に110万円を超える贈与を受けた人が、もらった年の翌年の2月1日から3月15日までの間に税務署に申告して納める義務があります＊。

　贈与税には、2つの制度と4つの特例があります。

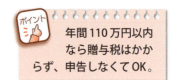

年間110万円以内なら贈与税はかからず、申告しなくてOK。

🌱 贈与税の暦年課税と相続時精算課税のイメージ図

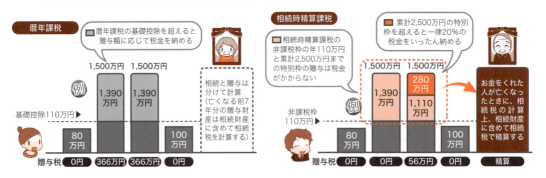

①年間110万円までなら、税金も手続きも不要の「暦年贈与」

　暦年課税では、**1年間にもらった贈与の合計額が基礎控除の110万円を超えると、贈与税の申告と納付が必要**です。

　たとえば、1年間に300万円をもらった場合、110万円を差し引いた190万円が贈与税の対象になります。納める贈与税は、「（300万円−110万円）×贈与税率10％（200万円以下の場合）」で計算し、19万円を納めます。

🌱 暦年課税の贈与税の速算表＊

110万円を差し引いた後の金額	自分の親や祖父母などからの贈与	一般の贈与
200万円以下	10％	10％
300万円以下	15％−10万円	15％−10万円
400万円以下		20％−25万円
600万円以下	20％−30万円	30％−65万円
1,000万円以下	30％−90万円	40％−125万円
1,500万円以下	40％−190万円	45％−175万円
3,000万円以下	45％−265万円	50％−250万円

※3,000万円超は省略

＊暦年課税の贈与税の時効は6年ですが、相続時精算課税の加算に時効はありません。
＊贈与税の速算表は、「110万円を差し引いた後の金額」×税率−控除額で計算します。
＊贈与を受けた子どもや孫が18歳以上の場合、贈与税の速算表の左の列を適用します。

②「相続時精算課税」は、年間110万円＋累計2,500万円まで贈与税ゼロ

　相続時精算課税を選ぶと、**年間110万円の非課税枠以外に、累計2,500万円までの特別枠があり、贈与税がかかりません。**

　累計2,500万円を超えると、超えた部分の20%の贈与税をいったん納めます。そして、**贈与した人が亡くなったときに、「亡くなった人の相続財産＋年110万円の非課税枠を超えた贈与の合計額」を相続財産として相続税を計算**します（このとき、贈与税がかからなかった累計2,500万円の特別枠も相続財産に含まれます）。納める相続税が過去に納めた贈与税で足りないときは不足分を納め、過去に納めた贈与税のほうが多かったときは精算して返還されます。

　相続時精算課税は、贈与の年の1月1日時点で、贈与する父母や祖父母の年齢が60歳以上、もらう子どもや孫の年齢が18歳以上であること、そして、選択した年の翌年の3月15日までに相続時精算課税選択届出書の税務署への提出が必要です。

③**贈与税の特例4つ**

　ひとつめは、「**贈与税の配偶者控除**」です。婚姻期間が20年以上の夫婦間で、今住んでいる家の名義を変更するときや、マイホームを買うためのお金の贈与のときに、基礎控除の110万円に上乗せして最高2,000万円（合計2,110万円）まで贈与税がかからない特例です。

　2つめは、129ページで紹介した「**住宅取得等資金の贈与**」です。贈与税の配偶者控除と住宅取得等資金の贈与は、特例を使って贈与税がゼロ円になった場合でも、翌年に税務署への申告が必要です。

　残り2つは子どもや孫への「**教育資金の一括贈与**」と「**結婚・子育て資金の一括贈与**」で、信託銀行などを通じて行います。

　自分のお金を自分の名前で預金するのは当たり前のこと。でも、親が自分のお金を子ども名義で銀行に預けると「名義預金」となります。名義預金が問題になるのは、相続のときにその分をきちんと申告しないから。名義預金にあたるかどうかは、主に次の点から総合的に税務署が判断します。ちなみに……税務調査では、過去10年はさかのぼって調べますよ。

- お金の出所は誰？　　・預貯金の利息や投資の運用益を得ているのは誰？
- 贈与（あげます＆もらいます）の事実はあった？
- お金の管理者は誰？（通帳、印鑑、キャッシュカード、ID・パスワードの管理など）

4-2 相続する権利がある人と相続財産の割合にはルールがある

　生きている人から財産をもらえば贈与ですが、亡くなった人から財産をもらうと相続になります。そして民法では、亡くなった人の財産を誰が、どれだけ相続するか、という一応の目安を定めています。ただし、遺言で自由に分けることができますし、相続人で話し合いがまとまれば、どのような分けかたでもかまいません。

民法で定める相続人と法定相続分

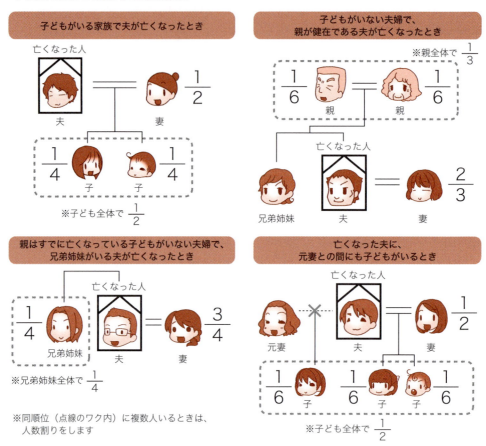

4-3 相続財産の対象になるもの・ならないもの

　亡くなった人の財産は、プラスの財産もマイナスの財産も相続財産となります。
　たとえば、預貯金（プラスの財産）2,000万円と借金（マイナスの財産）1,000万円の場合は、差し引きして1,000万円分の相続財産があると計算します。
　プラスの財産には、現金や預貯金、株式、債券、投資信託などの金融資産、土地や建物などがあります（自宅の土地は、本来の評価の2割になる「小規模宅地等の特例」あり）。また、亡くなった人が保険料を払っていた**死亡保険金**を相続人が受け取る場合は、「500万円×家族（法定相続人）の数」までの金額は非課税となり、

相続税はかかりません。超えた金額分を相続財産に加えます。

亡くなった人から**相続財産を受け継いだ人が暦年課税の贈与を受けていた場合、亡くなった人の相続財産に相続前7年間の贈与分を加算して相続税を計算**します。ただし、2023年までの贈与についてはこの加算期間が3年だったため、2027年からの相続において徐々に加算期間が延長され、完全に7年分を加算するのは2031年以降の相続です。一方、相続時精算課税の贈与は、年間110万円の非課税枠を超えた部分がすべて加算されます。

マイナスの財産は借金ですが、団体信用生命保険つきの住宅ローンは、もしものときには団体信用生命保険で返済されるので、借金には含めません。

相続の際、借金のほうが多くて相続したくない場合などは、プラスの財産もマイナスの財産も一切受け継がない「**放棄**」をすることができます。放棄は、自分ひとりだけでも、相続人全員で行うこともできますが、3カ月以内に家庭裁判所に申し立てます。なお、相続を放棄した人でも、死亡保険金を受け取ることができますが、非課税の特例は受けられません。

4-4 相続税を納めるほどの財産を残した人は、約10％

相続税は、一定金額を超えた相続財産があるときに納めます。その一定金額を「**相続税の基礎控除**」とよび、左ページで説明した相続人（税務上の法定相続人）となる家族の人数によって決まります。

> 相続税の基礎控除＝600万円×家族（法定相続人）の人数＋3,000万円

ポイント　子どもが2人いる夫婦で、夫が亡くなった場合の相続税の基礎控除は4,800万円。4,800万円を超える財産がある場合に相続税の対象になる。

相続税は、実際の分けかたにかかわらず、相続財産から相続税の基礎控除を差し引いて、左ページの法律上の相続分で分けた金額に対して税率を掛けて、相続税の総額を計算します。この相続税の総額を、実際に相続した割合に応じて按分した相続税を、それぞれが納めます。

なお、夫婦は協力して財産をつくってきたと考えられるため、**1億6,000万円か、配偶者の法定相続分の金額か、どちらか多いほうまで相続しても相続税はかかりません**。

相続税の速算表*

相続税の基礎控除を差し引いて、相続分で分けた金額	税率と控除額
1,000万円以下	10%
3,000万円以下	15%－50万円
5,000万円以下	20%－200万円
1億円以下	30%－700万円
2億円以下	40%－1,700万円
3億円以下	45%－2,700万円

※6億円超は省略

＊相続税の速算表は、「相続財産から相続税の基礎控除を差し引いて、法定相続分で分けた金額」×税率－控除額で計算します。

4-5 元気な今だからこそできる「もしも」の準備

もしものときに備えて、自分の想いを家族に伝える準備はしていますか？

遺言は、「誰に」「何を」受け継いでほしいかを、具体的に伝えることができます。遺言書を書いたら、家族にそのことを伝えておきましょう。

よく利用される遺言には、公証役場で作成し、保管される「**公正証書遺言**」と、財産目録をつけて本文を手書きする「**自筆証書遺言**」があります。自筆証書遺言は手元に置いておくこともできますし、検認が不要になる法務局の保管制度を使うこともできます。

ただ、正式な遺言となると、戸惑う人も少なくありません。そこで増えてきたのが、「終活」に代表されるエンディングノートです。エンディングノートには、法的な効力はありませんが、自由に自分の想いを伝えることができます。

想像したくないことですが、病気や事故で余命告知や延命治療などの選択を迫られることがあるかもしれません。そんなとき、エンディングノートがあれば、家族に苦しい決断をさせる負担を軽くすることができます。元気な今だからこそ、右ページの「ミニ・エンディングノート」であなたの想いを言葉にしてみてください。

🌷 相続が発生したときのスケジュール

期限	行うこと	手続き先
死亡	死亡診断書をもらう	病院・医師
7日以内	死亡届・お通夜・お葬式・埋葬	市区町村役場・葬儀社・火葬場
14日以内	健康保険証を返還し、葬祭費・埋葬料等を請求する	加入している健康保険
	年金停止の手続きをし、遺族年金の請求をする	日本年金機構
	世帯主の変更届を行う	市区町村役場
3カ月以内	相続放棄をする場合は申し立てを行う	家庭裁判所
4カ月以内	所得税の準確定申告	死亡当時の納税地の税務署
死後	遺言書と相続遺産の確認をする 自筆証書遺言は家庭裁判所の検認（確認）が必要	金融機関・法務局・家庭裁判所など
	遺産分割協議書を作成する（遺言がない場合など）	―
	遺産分割・家や車などの名義変更などの手続きをする	金融機関・法務局など
	保険金の請求、契約者、受取人変更等の手続きをする	保険会社
10カ月以内	相続税の申告（相続の特例などを使わず、納める相続税がない場合は、申告する必要はありません）	死亡当時の納税地の税務署
3年以内	相続した不動産の登記	法務局

想いを伝えるためのミニ・エンディングノート

かいてみよう

	お名前		お名前	
取引がある銀行や証券会社、生命保険会社、損害保険会社、クレジットカード、スマホ決済など		銀行 証券 保険		銀行 証券 保険
		銀行 証券 保険		銀行 証券 保険
		銀行 証券 保険		銀行 証券 保険
		銀行 証券 保険		銀行 証券 保険
		銀行 証券 保険		銀行 証券 保険
		銀行 証券 保険		銀行 証券 保険
		銀行 証券 保険		銀行 証券 保険
		銀行 証券 保険		銀行 証券 保険
		銀行 証券 保険		銀行 証券 保険
介護をしてほしい人や場所	配偶者 ・ 子ども ・ 公的サービス ・ 自宅 ・ 介護施設 ・ その他(　　)		配偶者 ・ 子ども ・ 公的サービス ・ 自宅 ・ 介護施設 ・ その他(　　)	
病名や余命の告知・延命治療	してほしい ・ してほしくない ・ その他(　　)		してほしい ・ してほしくない ・ その他(　　)	
	望む ・ 回復の可能性があるなら望む ・ 望まない		望む ・ 回復の可能性があるなら望む ・ 望まない	
葬儀の希望と予算	世間並み ・ 家族や親しい人 ・ 家族だけ 予算(　　)万円 ・ 香典等辞退		世間並み ・ 家族や親しい人 ・ 家族だけ 予算(　　)万円 ・ 香典等辞退	
連絡してほしい人と連絡先、タイミング	－　　　－		－　　　－	
	－　　　－		－　　　－	
	－　　　－		－　　　－	
	連絡は葬儀の　前 ・ 後		連絡は葬儀の　前 ・ 後	
家族へのメッセージ				

自分のことはもちろんだけど、親の介護やお葬式の希望などもちゃんと聞いたほうがよさそうですね。元気だからこそ話せることだし、かたちにしておくことが大事なんだと思いました。

第9章 税金

索 引

記入シート

● あ
遺族厚生年金の金額 …………………… 61
1年間の特別支出と予算 ……………… 32
1週間現金管理 ………………………… 29
医療費用の逆算貯蓄 …………………… 48

● か
家計の将来シミュレーション ……… 表紙カバー裏
ライフイベント用の逆算貯蓄 ………… 22
現状記入シート・見本 …………… 6〜13
高額療養費を使った後の自己負担 ……… 42

● さ
障害年金の種類と金額 ………………… 45
傷病手当金の金額 ……………………… 44

● た
手取年収 ……………………………… 25
投資信託の運用と非課税効果 ………… 111

● な
入院時の収支がわかる記入シート ……… 47

● は
必要保障額（死亡）記入シート・見本 ……… 64〜71

● ま
ミニ・エンディングノート …………… 165
無理なく買えるマイホーム金額の求めかた … 132
目的別貯蓄の一覧表 …………………… 23

● ら
老後資金がわかる記入シート ………… 92
老後の支出予想額 ……………………… 91
老後の年金額のざっくり計算法 ……… 89

用 語

● あ
アクティブ運用 ……………………… 105
育休（育児休業給付金） ……………… 114
育児休業等終了時報酬月額変更届 …… 115
育児時短就業給付 ……………………… 115

遺族年金 ……………………………… 57
iDeCo（イデコ） ……………… 95, 117
医療費控除 …………………………… 153
医療保険 ……………………………… 49
インデックス運用 …………………… 105
運用管理費用 ………………………… 105
おこづかいの平均額 …………………… 31

● か
介護保険 ……………………………… 93
加給年金 ……………………………… 90
学資保険 ……………………………… 120
学生納付特例 …………………………… 86
確定申告 ………………………… 147, 150
家計管理 ……………………………… 24
火災保険 ……………………………… 79
株式 …………………………………… 103
借り換え ……………………………… 145
元金均等返済 ………………………… 140
がんの罹患リスクと死亡リスク ……… 53
がん保険 ……………………………… 53
元利均等返済 ………………………… 140
企業年金 ………………………… 85, 150
寄附金控除 ……………………… 150, 155
教育資金の一括贈与の非課税の特例 …… 161
教育費・留学費用 ……………… 116, 117
繰上げ・繰下げ受給 …………………… 90
繰上返済 ……………………………… 143
結婚・子育て資金の一括贈与の非課税の特例 … 161
健康保険 ……………………………… 40
源泉徴収 ………………………… 108, 147
源泉徴収票 ……………………… 147, 148
高額療養費 …………………………… 40
高校無償化 …………………………… 118
厚生年金 ………………… 38, 86, 158
厚生年金保険養育期間標準報酬月額特例申出書
………………………………………… 115
公的年金等控除 ……………………… 152
国民年金基金 …………………………… 97
国民年金第1号被保険者 …………… 38, 86
国民年金第2号被保険者 …………… 38, 87
国民年金第3号被保険者 …………… 38, 87
個人年金保険 …………………………… 97
個人賠償責任保険 ……………………… 81
個人向け国債 ………………………… 120
固定金利 ……………………………… 136
固定金利選択型 ……………………… 136

●さ

災害共済給付	122
債券	103
雑所得	150, 152
産休	113
三大（特）疾病保障保険	54
地震保険	80
自転車保険	81
自動車保険	82
児童手当	114
シャープレシオ	101
社会保険の分類と給付	38
就業不能保険	50
終身保険	72
住宅取得等資金の贈与の特例	129, 161
住宅ローン控除	142
収入合算	134
収入保障保険	73
住民税・住民税決定通知書	147, 150, 156
出産手当金・出産育児一時金	113
障害年金	45
奨学金	121
小規模企業共済	97
傷病手当金	43
所得税	147
所得補償保険	50
信託財産留保額	105
信託報酬	105
成長投資枠	109
セルフメディケーション税制	154
相続時精算課税	160
相続税の基礎控除	163
相続人	162
贈与税・基礎控除	160
贈与税の配偶者控除	161

●た

大学無償化	118
退職金・退職所得控除	85, 150
退職後の健康保険	39
団体信用生命保険	141
長期投資	102
追納	86
つみたて投資枠	109
低解約返戻金型終身保険	120
定期保険	72

手取年収（手取収入）	24
投資信託	103, 120
特定口座	108

●な

NISA（ニーサ）	108
入院日数	46
乳幼児・子ども医療費助成制度	122
妊婦のための支援給付	113
年金	86, 152
ねんきん定期便	44, 45, 61, 89
年末調整	147

●は

パートの税金と社会保険	157
配偶者（配偶者特別）控除	115, 149, 157
パッシブ運用	105
払い済み	77
バランス型	107
付加年金	86, 97
扶養	115, 157〜159
副業	150
フラット35	135, 139
ふるさと納税	155
分散投資	100, 106
ペアローン	134, 141
平均寿命	85
変動金利	136
保育料	117
放棄	163
法定相続人・法定相続分	162
保証料	135

●や

遺言	164
養老保険	72

●ら

ライフイベントと予算	18
ライフプラン	16, 表紙カバー裏
離婚	87
リターンとリスク	99, 102
暦年課税	160
老齢基礎年金	86
老齢厚生年金	87

著　者　前野 彩（まえの あや）

ファイナンシャル・プランナー（CFP®認定者・1級ファイナンシャル・プランニング技能士）、金融経済教育推進機構（J-FLEC）認定アドバイザー。
株式会社Cras代表取締役、FPオフィスwill代表。
養護（保健室）教諭から2001年にFPに転身。保険も金融商品も販売しない独立系FPとして、相談者の気持ちを大切にした相談業務を行う。リアル＆オンラインの個人相談は延べ7,000件を超え、セミナーでは"楽しく、わかりやすく、実行したくなるお金の知恵"を伝えている。
『教育費の不安にこたえる本』（日経BP）、『ウォールポケット家計簿ならがんばらなくても貯まります』（主婦と生活社）、『今日からできる！ 障がいのある子のお金トレーニング』（共著、翔泳社）など著書多数。

著者ホームページ：https://fp-will.jp

編集協力　備 順子（税理士）、本気の家計プロ®

本気で家計を変えたいあなたへ〈第6版〉
──書き込む"お金のワークブック"

2015年 6 月17日　第1版1刷
2016年11月24日　第2版1刷
2018年 8 月22日　第3版1刷
2020年11月11日　第4版1刷
2022年10月20日　第5版1刷
2025年 4 月16日　第6版1刷

著　　者　前野 彩 © Aya Maeno, 2025
発 行 者　中川 ヒロミ
発　　行　株式会社日経BP
　　　　　日本経済新聞出版
発　　売　株式会社日経BP マーケティング
　　　　　〒105-8308　東京都港区虎ノ門4-3-12

装　　丁　斉藤よしのぶ
イラスト　此林ミサ
校　　正　江口ひかる
Ｄ Ｔ Ｐ　マーリンクレイン
印刷・製本　シナノ印刷株式会社

ISBN 978-4-296-12189-2

本書の無断複写・複製（コピー等）は著作権法上の例外を除き、禁じられています。
購入者以外の第三者による電子データ化および電子書籍化は、
私的使用を含め一切認められておりません。
本書に関するお問い合わせ、ご連絡は下記にて承ります。
https://nkbp.jp/booksQA

Printed in Japan